Hans Arends

Seelenkämpfe: Schauspiel in 4 Akten

Hans Arends

Seelenkämpfe: Schauspiel in 4 Akten

ISBN/EAN: 9783743607699

Hergestellt in Europa, USA, Kanada, Australien, Japan

Cover: Foto ©Thomas Meinert / pixelio.de

Manufactured and distributed by brebook publishing software (www.brebook.com)

Hans Arends

Seelenkämpfe: Schauspiel in 4 Akten

Seelenkämpfe.

Schauspiel in 4 Acten

von

Hans Arends.

(Als Manuscript gedruckt.)

Berlin.
Druck von H. S. Hermann.
1891.

Personen:

Frau Geh. Commerzienräthin v. Elsner geb. Peterlein.
Lilli, deren Tochter.
Graf Lothar v. Este, Bräutigam der Letzteren.
Pauline Walden.
Director Peterlein, Bruder der Frau v. Elsner.
Helene, dessen Tochter.
v. Morowski.
v. Hertzberg.
Fabricius, ein junger Maler.
Frau v. Dürkheim.
Paul Hasling.
Ein Prediger.
Diener der Frau v. Elsner.
Kirchenchor.

Erster Act.

1. Scene.

*Bergpartie mit Parkanlagen, Rasenbänken und Holzbänken. Schöner Aussichts=
punkt. — Auf einem Hügelabhang sitzt* **Lilli**, *ihr zu Füßen* **Lothar**.

Lilli. Nun wie gefallen Dir die Anlagen dieses Parkes? Nicht wahr, der Aufenthalt in demselben ist ein recht angenehmer?

Lothar. Wenn ich hier im kühlen Schatten zu Deinen Füßen liege, dazu den lieblichen Gesang der Vögel vernehme und den berauschenden Duft der Blüthen einathme, dann kann ich mir in der That einen schöneren Aufenthalt nicht denken.

Lilli. Sieh doch nur, wie dort unten der silber=helle Bach aus dem Baumdickicht hervorsprudelt und in seinen mannigfaltigen Windungen hunderte von kleinen schäumenden Kaskaden bildet.

Lothar. Ich sehe den Bach und höre sein Rauschen und bin entzückt durch die Genüsse, welche die Natur mir hier gewährt, aber ich empfinde ein ganzes Meer voll Seligkeit und Wonne, wenn ich Dir in Deine hübschen Augen sehe, den Ton Deiner lieblichen Stimme vernehme und Deine kleine weiße Hand an meine Lippen drücke.

Lilli (indem sie aufsteht und Lothar mit emporzieht). Du bist ein Schmeichler (einige Schritt höher tretend) thu mir den kleinen Gefallen und wirf einmal von hier aus einen Blick in die weite Landschaft.

Lothar (thut es). Die Aussicht ist ohne allen Zweifel eine wunderbar schöne.

Lilli. Siehst Du dort hinten die großen Fabrik=anlagen mit mächtigen Schornsteinen?

Lothar. Jawohl ich sehe sie, wenn auch allerdings nur in nebelumhüllter Ferne.

Lilli (mit Lothar den Hügel herabsteigend). Dort habe ich meine ersten Kinderjahre zugebracht. Es sind die von meinem seligen Papa angelegten großen Hüttenwerke, auf denen er mehrere tausend Arbeiter beschäftigte.

Lothar. So so! (bleibt stehen und wirft noch einmal einen Blick dorthin) und was ist jetzt aus diesen Werken geworden?

Lilli. Papa verkaufte sie an eine Actiengesellschaft für einige Millionen Thaler. Er hat dieselbe noch bis zu seinem Tode als Director geleitet. Dann ist Onkel Peterlein, Mamas Bruder, den Du heute hier kennen gelernt hast, sein Nachfolger geworden.

Lothar. Und dieses reizende und überaus werthvolle Landgut, auf welchem wir uns gegenwärtig befinden, ist, wie es scheint, gegenwärtig vollständig verwaist, seit Du und Deine Mama den Aufenthalt auf dem Lande mit dem in der Hauptstadt vertauscht habt?

Lilli. Das Leben wurde uns hier zu einförmig, nachdem Papa gestorben war, deßhalb siedelten wir nach Berlin über, wir pflegen aber desungeachtet alljährlich einige Wochen hier zuzubringen, namentlich weil ich diesen Wunsch hege, denn ich habe hier jeden Baum und jeden Strauch lieb gewonnen.

Lothar. Hier schläft also Alles einen tiefen Zauberschlaf, bis die kleine reizende Fee erscheint, die die Dinge belebt mit ihrem Lilienfinger. Der Bach fängt an zu rauschen, die Vögel zu singen, die Blumen zu blühen, und all das bunte Leben verwandelt sich wieder in öde kalte und traurige Nacht, wenn die holde Zauberin verschwindet?

Lilli (lächelnd). Ganz recht! und die Schmetterlinge, Brummkäfer, Mücken und Fliegen sind die kleinen Elfen, die sich in meinen Diensten befinden; aber (schlägt nach einer Mücke) sie scheinen ganz den Gehorsam verlernt zu haben. Sieh nur, dieses zudringliche Thier verfolgt mich fortwährend (hascht nach der Mücke, Lothar desgleichen und fängt dieselbe).

Lothar (die Mücke tödtend). Siehst Du, dieser ungehorsame Geist hat bereits seine Strafe.

Lilli (lächelnd). Sie war wohl verdient!

Lothar. Ich beanspruche aber jetzt meinen Lohn! (er küßt sie).

Lilli (mit dem Fuße stampfend). Sollst Du das thun? wenn uns jemand gesehen hat!

Lothar. Nun, wenn es der Fall wäre! in acht Tagen sind wir doch Mann und Frau (er umfaßt ihre Taille).

Lilli (schelmisch). Erfreut Dich dieser Gedanke?

Lothar. Er macht mich namenlos glücklich!

Lilli (sich los machend). Komm, laß uns noch eine kleine Excursion oben auf die Spitze des Berges machen! wir wollen sehen, wer zuerst oben ist! (eilt auf den Hügel, den sie erklimmt).

Lothar. O, Du liebliches holdes Kind der Natur (ihr nach. Beide ab.)

2. Scene.

(v. Morowski und Frau v. Dürkheim treten auf.)

Morowski. Ich glaube nicht, meine verehrte Frau v. Dürkheim, daß Pauline Walden auch nur eine Ahnung von dem Aufenthalt unseres Freundes des Grafen v. Este hat, denn sie kennt zuversichtlich seinen Namen nicht.

Fr. v. Dürkheim. Und wenn es nun dennoch der Fall wäre?

Morowski. Was könnte Ihnen zu einer solchen Vermuthung Anlaß geben?

Fr. v. Dürkheim. Ich will nicht behaupten, daß ich in dieser Beziehung eine ausdrückliche Vermuthung hege, indessen . . . .

Marowski (verwundert). Indessen?

Fr. v. Dürkheim. Ich habe eine eigenthümliche Begegnung gehabt. Lassen Sie mich erzählen. Ich fand vor einigen Tagen in einer Zeitung ein Inserat — warten Sie, ich glaube, ich habe den betreffenden Ausschnitt bei mir (nimmt einen Zeitungsausschnitt aus dem Portemonnaie und überreicht denselben Morowski) ja wohl! hier ist er.

Morowski (liest). Weibliche Handarbeiten aller Art werden angefertigt Zimmerstr. 8, zwei Treppen gerade aus (giebt den Ausschnitt zurück). Nun? was soll dieser Ausschnitt?

Fr. v. Dürkheim. Was er soll? Die betreffende Inserentin heißt —— Pauline Walden.

Morowski (erschrocken). Wie!!

Fr. v. Dürkheim. Sie können sich meine Ueberraschung denken, als ich, dem Inserate Folge gebend, die bezeichnete Adresse aufsuchte und am Thürschild jenen mir wohlbekannten Namen erblickte.

Morowski. Wäre es möglich!

Fr. v. Dürkheim. Vielleicht giebt es mehrere Personen dieses Namens.

Morowski. Das ist sogar anzunehmen!

Fr. v. Dürkheim. Indessen was mir auffiel....

Morowski. Spannen Sie mich nicht auf die Folter!

Fr. v. Dürkheim. Sie hat einen Knaben!

Morowski. Einen Knaben!

Fr. v. Dürkheim. Namens Lothar.

Morowski (starr vor Schreck, tritt einen Schritt zurück und blickt Frau v. D. an, dann nach einigen Minuten) Wie alt ist der Knabe?

Fr. v. Dürkheim. Etwa ein halbes Jahr oder einige Monate darüber.

Morowski. Es unterliegt keinem Zweifel, es ist dieselbe Pauline Walden, welche in intimen Beziehungen zum Grafen Lothar v. Este gestanden hat. (Nach einigen Augenblicken) Halt! wir können es sofort constatiren (nimmt die Brieftasche hervor) Sie haben die betreffende Person gesehen? (sucht in der Tasche).

Fr. v. Dürkheim. Ich habe mit ihr gesprochen.

Morowski (eine Photographie aus der Brieftasche nehmend und sie Fr. v. Dürkheim überreichend). Ist es diese?

Fr. v. Dürkheim (bestürzt). Ja! sie ist es! Das Bild ist sogar sprechend getroffen! Woher haben sie das Portrait?

Morowski (dasselbe einsteckend). Ich habe es aus den

Papieren des Grafen entwandt, um zu vermeiden, daß er an seine früheren Beziehungen erinnert werde. — Also sie ist es! was ist nun zu thun?

Fr. v. Dürkheim. Ich bin rathlos.

Morowski. Vor allen Dingen müssen wir jedenfalls in Erfahrung zu bringen suchen, ob sie zufällig oder mit irgend welchen bestimmten Absichten in Bezug auf den Grafen v. Este nach Berlin gekommen ist.

Fr. v. Dürkheim. Wie soll man das erfahren?

Morowski. Ein ganz verdammter Zwischenfall! Die Zeit ist knapp, wir können jeden Augenblick in unserer Unterhaltung gestört werden.

Fr. v. Dürkheim. Die Geheimräthin mit der übrigen Gesellschaft ist uns hart auf den Fersen.

Morowski. Und jeder Aufschub kann verhängnißvoll werden.

Fr. v. Dürkheim. Die Rückfahrt nach Berlin ist für heute Abend unwiderruflich in Aussicht genommen.

Morowski. Ein unglücklicher Zufall kann eine Begegnung zwischen ihm und ihr jeden Tag herbeiführen.

Fr. v. Dürkheim. Dann wäre Alles verloren!

Morowski. Den Teufel auch! (geht unruhig einige Schritte auf und ab, dann vor Fr. v. Dürkheim stehen bleibend) Wie sieht es in ihrer Wohnung aus?

Fr. v. Dürkheim. Sie bewohnt zwei sauber und freundlich möblirte Zimmer. Mit Nahrungssorgen scheint sie nicht zu kämpfen.

Morowski. Finden Sie das nicht höchst auffallend?

Fr. v. Dürkheim. Meinen Sie, das sie vielleicht gar von dem Grafen bereits unterhalten wird.

Morowski (etwas verlegen). Ich halte diese Voraussetzung für absolut ausgeschlossen .... (nach einigen Momenten) indessen ....

Fr. v. Dürkheim. Nun? indessen?

Morowski. Wir müssen jedenfalls Genaueres zu erfahren suchen.

Fr. v. Dürkheim. Vor Allem, ob ihr überhaupt der Name und Aufenthalt Este's bekannt.

Morowski. Und auch, ob sie über seine Absicht, Fräulein v. Elsner zu heirathen, unterrichtet ist.

Fr. v. Dürkheim. Wenn sie seinen Namen nicht kennt, dann fallen auch alle weiteren Consequenzen.

Morowski. Sehr richtig! also zunächst Gewißheit bezüglich des Namens.

Fr. v. Dürkheim. Ich habe eine Idee!

Morowski. Und zwar?

Fr. v. Dürkheim. Einen Augenblick! . . ja! . . so geht es! ich werde ihr einen Auftrag ertheilen und zwar den, in ein Dutzend Taschentücher die Buchstaben L. v. E. einzusticken.

Morowski. Nun und?

Fr. v. Dürkheim. Wenn sie den Namen Lothar v. Este kennt, wird sie zweifellos bei Nennung der Buchstaben erschrecken.

Morowski. Sehr richtig! Sie werden in ihren Mienen lesen, ob sie den Namen kennt oder nicht, und halt! auch ich habe eine Idee. Ein eigenthümlicher Zufall kommt uns zu statten.

Fr. v. Dürkheim. Der wäre?

Morowski. Es ist Ihnen, wie es scheint, entgangen, daß die Namen Lilli v. Elsner mit denselben Buchstaben beginnen.

Fr. v. Dürkheim. (überrascht). In der That.

Morowski. Ich weiß nicht, ob Sie meinem Ideengang bereits gefolgt sind.

Fr. v. Dürkheim. Nicht so ganz.

Morowski. Also hören Sie: Wenn Sie bei Nennung der Buchstaben L. v. E. irgend eine Ueberraschung in den Zügen Paulinens lesen und daraus den Schluß ziehen, daß sie den Namen Lothar v. Este kennt, dann können Sie auf die leichteste Weise von der Welt ermitteln, ob ihr auch der Name Lilli v. Elsner bekannt ist.

Fr. v. Dürkheim. Ich glaube Sie bereits zu verstehen; wenn Pauline bei Nennung der Buchstaben keinerlei innerliche Bewegung zeigt, dann ist es um so besser für uns, denn dann kennt sie den Namen überhaupt nicht. Wenn ich aber irgend eine Ueberraschung in ihren Mienen bemerke, dann werde ich den Namen Lilli v. Elsner als denjenigen der Bestellerin bezeichnen. Sie wird dann entweder von Neuem erschrecken, oder ihr früherer Schreck wird sich legen und ich werde daraus meine Schlüsse ziehen, ob ihr von den Beziehungen des Grafen zu Lilli etwas bekannt ist.

Morowski. Bravo! (leiser) Doch still! Die Geheime Räthin! (Frau v. Elsner, Director Peterlein, Fabricius, v. Hertzberg und Helene treten auf.)

3. Scene.

(**Morowski, Frau v. Dürkheim, Frau v. Elsner, Peterlein, Fabricius, v. Hertzberg, Helene.**)

Fr. v. Dürkheim (zu Fr. v. Elsner). Wir sind von Bewunderung voll, meine hochverehrte Frau Geheimräthin.

Morowski. Sie haben uns in der That einen herrlichen Naturgenuß bereitet, indem Sie die Liebenswürdigkeit hatten, uns hierher zu führen.

Fr. v. Elsner. Alles das ist eine Schöpfung meines seligen Gatten.

v. Hertzberg. Ah! Herr v. Elsner — demnach ungeheures Talent besessen?

Fr. v. Elsner. Aus einer Einöde schuf er ein Paradies.

Peterlein. Ich bin aber doch immer wieder der Ansicht, liebe Schwester, daß man den Bach dort unten sehr gut als Wasserkraft verwerthen könnte.

Fr. v. Elsner. Thue mir den einzigen Gefallen, lieber Bruder, und verschone meine Besitzungen mit Deinen technischen Projecten. (Zu den Uebrigen) Werfen Sie bitte einen Blick nach dieser Richtung.

Peterlein (zu Hertzberg). Die Weiber sind ein pedantisches und unpraktisches Volk. Sehen Sie hier unten den Bach ....

v. Hertzberg. Bedaure unendlich, Herr Generaldirector, würde aber vermuthlich nichts von Auseinandersetzungen verstehen.

Fabricius (zu Fr. v. Elsner). Ich muß bekennen, gnädige Frau, daß ich trotz aller Reisen, die ich in meiner Eigenschaft als Maler zur Vervollkommnung meiner Studien unternommen habe, nicht häufig Gelegenheit hatte, ein so reizendes landschaftliches Bild zu bewundern.

Helene (auf den Hügel steigend). Ich finde den Ausblick von hier aus besonders anziehend.

v. Hertzberg. Unverantwortliche Waghalsigkeit, mein hochverehrtes Fräulein, wäre untröstlich, wenn Sie — Abhang hinabstürzten. Wäre nicht einmal in Lage, Ihnen Rettung zu bringen.

Helene (zurückkommend). Seien Sie unbesorgt, ich kenne hier jeden Stein und Baum.

Fr. v. Elsner (sich umsehend). Aber, wo ist der Graf und Lilli? (Beide oben am Hügel sichtbar.)

4. Scene.
(**Lothar, Lilli**, die Vorigen.)

Lothar. Hollah! hier oben!

Lilli (trottet den Hügel herab, ihre Mutter umarmend). Seit einer Viertelstunde sind wir bereits hier und warten auf Euch.

Peterlein (Lothar bei Seite nehmend). Haben Sie nicht auch die Bemerkung gemacht, Herr Graf, daß der Bach dort unten sich ganz vorzüglich zur Anlage einer Wasserkraft ....

Lothar (ihn unterbrechend). Verzeihen Sie, wir sprechen nachher darüber (verneigt sich und geht zu Lilli, deren Taille er umfaßt, während Peterlein die Höhe des Hügels mit den Augen mißt und allmählich hinter den Bäumen verschwindet).

Fabricius (zu Fr. v. Elsner). Wie schade, gnädige Frau, daß Sie uns nur einen so kurzen Aufenthalt auf Ihrer reizenden Besitzung vergönnen und bereits heute Abend die Rückreise nach Berlin beschlossen haben, so daß mir nicht einmal Zeit verbleibt, eine Skizze von diesem entzückenden Aussichtsbilde mitzunehmen.

Fr. v. Elsner. Ich hoffe, daß Sie hierzu noch häufiger Gelegenheit haben werden, denn da ich beabsichtige, unter Anderem auch dieses Gut Lilli als Mitgift zu geben . . . .

Alle. Ah!!

Morowski (zu Lilli). Ich gratulire bestens, mein hochverehrtes Fräulein (Lilli knixt, Lothar tritt darauf mit ihr leise plaudernd bei Seite).

Fr. v. Elsner (fortfahrend zu Fabricius). Ich setze natürlich voraus, daß Ihre freundschaftlichen Beziehungen zum Grafen v. Este auch nach dessen Verheirathung mit Lilli keine Unterbrechung erfahren werden.

Fabricius (zu Lothar, der inzwischen wieder mit Lilli in die Nähe der Uebrigen getreten ist). Ich denke, daß eine so alte erprobte Freundschaft, wie die unsrige, wohl überhaupt nicht zu erschüttern sein wird.

Lothar. Das nehme ich selbstverständlich auch an. (Plaudert mit Lilli weiter und setzt sich dann mit ihr auf eine Rasenbank.)

Fr. v. Elsner (ihr Gespräch mit Fabricius fortsetzend). Ich denke mir den Beruf eines Malers im höchsten Grade interessant (sie setzt sich, während Hertzberg mit Helene, Morowski mit Frau v. Dürkheim spricht) und speciell für Ihre Gemälde habe ich stets ein besonderes lebhaftes Interesse empfunden.

Fabricius. Sie sind zu gütig, gnädige Frau. (Morowski und Frau v. Dürkheim treten in die Nähe der Sprechenden.)

Fr. v. Elsner. Ich nehme an, daß sie die Welt bald wieder mit einer neuen Schöpfung Ihres Pinsels überraschen werden.

Fr. v Dürkheim (zu Fr. v. Elsner). Haben Sie denn das hübsche Genrebild des Herrn Fabricius gesehen, welches während der Ausstellung letzthin so allgemein bewundert wurde?

Fr. v. Elsner. Selbstverständlich habe ich es gesehen. (Lothar tritt näher, während Hertzberg mit Lilli und Helene spricht.)

Fabricius. Es ist neulich verkauft worden.

Lothar. Wie! und das theilst Du uns jetzt erst mit? Ich gratulire.

Fabricius. Ich danke Dir.

Fr. v. Dürkheim. Welchen Preis, wenn man fragen darf, haben Sie erhalten?

Fabricius. Zehntausend Thaler.

Fr. v. Elsner. Darf man so indiscret sein, zu fragen, welchen Gegenstand ihr nächstes Opus behandeln wird?

Fabricius. Ich trage mich seit einiger Zeit mit einer besonderen Idee, die auszuführen ich leider bisher immer noch keine Gelegenheit gefunden habe.

Frau v. Dürkheim. Erzählen Sie doch!

Fabricius. Ich fürchte, Sie werden die Idee allzu bizarr finden.

Fr. v. Elsner. Lassen Sie hören!

Fabricius. Nun denn — die Idee — behandelt — — eine Kindesmörderin.

Fr. v. Dürkheim. Wie!! (Lothar wendet sich ab, um eine plötzliche Verlegenheit zu verbergen.)

Morowski. Eine Kindesmörderin? (Er beobachtet Lothar, der sich mehr und mehr zurückzieht, während Hertzberg sich den Sprechenden nähert.)

Fabricius. Ich bin überzeugt, daß Sie die Idee für das Product einer großen Geschmacksverirrung halten werden. (Peterlein tritt emsig rechnend aus den Bäumen hervor.)

Fr. v. Elsner. Jenun! doch nicht so unbedingt.

Fabricius. Vor allen Dingen möchte ich bemerken, daß das Bild nicht einen eigentlichen Mord zum Ausdruck bringen, sondern einen wesentlich versöhnlicheren Charakter tragen soll. Dieses Bild, welches zunächst natürlich überhaupt nur meiner Phantasie vorschwebt, stellt ein schönes Weib dar, in dessen Zügen Verzweiflung zu lesen ist. Der Gedanke, die grauenvolle That zu begehen, ist in ihrem Hirn zur Reife gediehen, aber der Beschauer des Bildes muß dennoch den Eindruck gewinnen, daß im entscheidenden Momente das Weib nicht fähig sein wird, das Verbrechen zu begehen, daß vielmehr Mitleid, Vernunft und Pflichtgefühl den Sieg davontragen werden. (Lothar entfernt sich mit wachsender Verlegenheit, bleibt aber in Hörweite stehen.)

Fr. v. Elsner. Die Idee ist herrlich! ganz ausgezeichnet! Das Bild muß Aufsehen erregen.

Peterlein (der, fortwährend rechnend, der Gruppe immer näher gekommen ist, plötzlich mit triumphirender Miene). Meine Berechnungen ergeben ein glänzendes Resultat! Der Bach dort unten ...

Fr. v. Elsner (unwillig). Aber, lieber Bruder, störe doch jetzt wenigstens nicht unsere Unterhaltung mit solchen Dingen!

v. Hertzberg. Hehehehe! sprechen soeben von großartigem Kunstwerke — bedeutenden Meisters — unseres Jahrhunderts. (Peterlein setzt sich mißmuthig nieder und wischt den Schweiß von der Stirn.)

Fabricius. Sie belieben zu scherzen, Herr von Hertzberg. Vorderhand darf ich mich noch nicht zu den bedeutenden Meistern rechnen; überdies handelt es sich auch, wie ich schon sagte, nur um eine Idee, und zwar eine Idee, deren Ausführung möglicherweise ganz unterbleiben muß.

Fr. v. Elsner. Das wäre zu bedauern! warum wollen Sie der Ausführung eines so genialen Gedankens nicht näher treten?

Fabricius. Ich fürchte, daß ich ein geeignetes Modell nicht finden werde.

Fr. v. Dürkheim. Ein Modell?

Morowski. Nehmen Sie ein Modell aus Ihrer Phantasie.

Fabricius. Ich würde dann dem Bilde die Züge eines Mädchens geben müssen, die ich all zu hoch schätze, um sie in dieser Weise zu profaniren. (Lilli und Helene treten näher, Lothar setzt sich auf einen Rasenhügel, den Kopf auf die Hand gestützt, hört aber zu.)

Fr. v. Elsner. Wieso geben müssen?

Fabricius (sich setzend). Es giebt Situationen, gnädige Frau, welche man sich nur unter ganz bestimmten Voraussetzungen im Geiste zu vergegenwärtigen vermag. Man begegnet zuweilen irgend einer Person, deren Schicksal das Interesse für einen bestimmten

Gegenstand wachruft und wach erhält, namentlich wenn die Züge dieser Person vielleicht unter dem Einflusse früherer Erlebnisse einen gewissen eigenthümlichen Ausdruck angenommen haben oder auch selbst nur zu besitzen scheinen, welcher immer wieder an jenen Gedanken erinnert. Die Phantasie dessen, der diese Person kennen lernt, malt in dem Augenblick, in welchem ihm Episoden aus ihrem Leben bekannt werden, sich irgend einen Vorgang aus, der vielleicht gar nicht stattgefunden hat, aber doch stattgefunden haben könnte, und das dadurch geschaffene Phantasiebild gewinnt so feste Conturen, daß man es, in die Wirklichkeit übertragen, sich nicht mehr mit einer anderen Person als derjenigen denken kann, welche die Anregung zu demselben gegeben.

Fr. v. Elsner. Sie haben Recht. Ich glaube diese Beobachtung selbst bereits gemacht zu haben.

Morowski (an Lothar tretend mit gedämpfter Stimme). Lieber Graf, Sie vernachlässigen Ihr Fräulein Braut in auffälliger Weise. Sie sollten Ihr Gesellschaft leisten.

Lothar. Lassen Sie mich, ich bin nicht in der Stimmung. (Morowski spricht leise mit ihm weiter.)

Fr. v. Elsner (fortfahrend). Und Sie haben also eine Person kennen gelernt, deren Schicksal die Idee, jenes Bild zu malen, in Ihnen wachgerufen hat?

Fabricius. So ist es, gnädige Frau. Ich weiß, wie gesagt, durchaus nicht, ob die von mir gehegte Voraussetzung bei jener Person zutrifft; es handelt sich um ein Mädchen von hochedler Gesinnung. Sie ist verführt, von ihrem Verführer verlassen, und ich glaube, daß sie sich wohl auch zeitweise in der verzweiflungsvollsten Situation befunden hat. So oft ich sie sehe, steigt jenes Bild in meiner Phantasie auf, obwohl ich, wenn ich genau überlege, ihr auch noch nicht einmal den Gedanken an eine That zutrauen möchte, welche die Menschen Verbrechen nennen und welche von der Justiz schwer geahndet wird. —

Morowski (zu Lothar). Beherrschen Sie sich doch, Sie compromittiren uns. (Lothar steht auf und geht zu Lilli und Helene.)

Fr. v. Dürkheim (zu Fabricius). Sind Sie denn der Ansicht, daß ein Kindesmord zu entschuldigen sei?

Fabricius. Zu entschuldigen ist er auf keinen Fall. Die Rache sollte aber den wirklich Schuldigen treffen und nicht ein armes verzweiflungsvolles Geschöpf, welches mit Schande bedeckt, Gram im Herzen und Noth und Elend vor Augen, dem Wahnsinn nahe ist und die Schwere seiner Handlungen gar nicht zu ermessen vermag.

Fr. v. Dürkheim. Sie würden einen vortrefflichen Vertheidiger abgeben.

v. Hertzberg. Hehehehe! eh ... eh ... Herr Fabricius als Advocat wäre eine ganz brillante Idee.

Fabricius (aufstehend). Herr v. Hertzberg, Ihr Spott berührt mich wenig. Es giebt eine gewisse Gesellschaftsklasse, in der man leider gewöhnt ist, gebrochene Herzen als Bagatellen zu betrachten, ich aber halte denjenigen Mann, der ein Mädchen verläßt, nachdem er ihr Glück und Ehre geraubt hat, für einen Schuft. Und wenn er vorher mein bester Freund gewesen wäre, ich würde ihn von dem Augenblicke an verachten müssen.

Fr. v. Elsner (aufstehend). Meine Herrschaften, es wird Zeit, daß wir aufbrechen, (Alle erheben sich) reichen Sie mir Ihren Arm, Herr Fabricius, und erzählen Sie mir noch etwas von jenem jungen Mädchen, deren Schicksal auch mich zu interessiren beginnt, ohne daß ich sie kenne (Fabricius reicht ihr den Arm. Beide ab, die Uebrigen folgen mit Ausnahme von Morowski und Fr. v. Dürkheim.)

5. Scene.

(v. Morowski und Frau v. Dürkheim.)

Morowski. Haben Sie den Grafen beobachtet?

Fr. v. Dürkheim. Es schien mir, als wenn die Erzählung von dem Bilde ihn in ziemlich hohem Grade erregt habe.

Morowski. Allerdings! — was halten Sie von Fabricius?

Fr. v. Dürkheim. Die idealen Ansichten eines Künstlers decken sich nicht immer mit der Praxis des Lebens.

Marowski. Er ist mir, offen gestanden, wenig sympathisch.

Fr. v. Dürkheim. Je nach dem! ich unterhalte mich nicht ungern mit ihm.

Morowski. Vergessen Sie nicht, morgen Pauline Walden aufzusuchen.

Fr. v. Dürkheim. Ich kenne meine Aufgabe vollkommen. (Beide ab, den Uebrigen folgend.)

Schluß des ersten Actes.

Zweiter Act.

I. Scene.

Paulinens Zimmer. Eine Thür im Hintergrund, eine in der rechten Seitenwand. Im Zimmer befindet sich ein Piano, über demselben eine Uhr; ferner in dem Zimmer ein Schreibtisch mit Schreibmaterial, an den Schreibtisch gelehnt ein Zeichenbrett. Außerdem im Zimmer ein Sopha nebst zwei Fauteuils, vor dem Sopha ein Tisch, auf demselben eine Mappe mit Zeichnungen. Die Thür des Seitengemachs ist offen.

Pauline (hinter der Scene singt im Nebenzimmer).
Schlaf holdes Knäblein Du
Schlaf ein, schlaf ein!
An Deinem Bettchen wachen Engelein,
Vor allem Unfall und Gefahren
Dich theurer Liebling zu bewahren.
Schließ Deine lieben beiden Augen zu
Und schlummre sanft in ungestörter Ruh.
Schlaf ein, schlaf ein!
Und träume von Deinem trauten Mütterlein.
Schlaf ein, schlaf ein!
(während der letzten Töne ist Pauline rückwärts schreitend mit dem Blick ins Nebenzimmer aus demselben leise herausgetreten und bleibt noch einige Augenblicke horchend stehen. Dann leise). Er schläft! wie hold das kleine Köpfchen in den weichen Kissen ruht! er lächelt! Du süßer Liebling Du! Glück meines Lebens! (wirft einen Kuß

finger und schließt dann leise die Thür). Doch nun will ich mich be=
eilen, das Zimmer aufzuräumen, um 10 Uhr wollte
Herr Fabricius kommen, (wirft einen Blick nach der Uhr) jetzt ist
es 9 Uhr, mir bleibt also noch genau eine Stunde,
(geht an den Tisch und nimmt die Mappe von demselben) ob er zufrieden
sein wird? (Durchblättert die Mappe). Ach ja, ich hoffe wohl,
(es klopft an der Hinterthür) klopfte es nicht? (Legt die Mappe hin).
Herein!! (Hasling tritt ein). Ach, guten Morgen, Herr Nach=
bar Hasling! (Geht ihm entgegen und reicht ihm die Hand).

2. Scene.

Hasling. Pauline.

Hasling (Paulinens Hand drückend). Guten Morgen, mein
liebes Fräulein. Ich komme nur, um Ihrem Wunsche
gemäß Ihnen eine Abschrift von dem Liede zu bringen,
welches sie neulich in meinem Zimmer, wie Sie sagten,
von mir haben singen hören (überreicht ihr ein Blatt).

Pauline (dasselbe freudig ergreifend). Ach, von dem hüb=
schen Liede, welches Sie selbst gedichtet und componirt
haben?

Hasling. Ja wohl!

Pauline (liest).
Wenn sich ein Herz in Liebe Dir verbunden,
Dann halt es lieb und werth zu jeder Zeit,
Verzeihe auch zuweilen trübe Stunden,
Ein rascher Schritt wird gar zu schnell bereut;
    Liebend ward der Mensch geboren,
    Ohne Liebe fehlt das Glück,
    Und was Du einmal verloren,
    Bringt die Reue nicht zurück!
Auch mir schien einst das Glück in jungen Jahren,
Ein holdes Liebchen führt ich zum Altar
Mit blauem Aug', mit goldnen Lockenhaaren,
Die schönste, die im ganzen Lande war,
    Aber ach des Schicksals Tücke
    Riß sie grausam fort von mir,
    Und getrennt von meinem Glücke
    Weih' ich nur noch Thränen ihr
Ich weiß es nicht, ob sie in meiner Nähe,
Nicht, ob sie in der weiten Ferne weilt,

Nicht, ob sie lebt, wenn ich im Traum sie sehe,
Nicht, ob der bittre Tod sie schon ereilt.
Einsam meine Tage fließen,
Und geh ich ins Schattenland,
Wird die müden Augen schließen
Keine liebend theure Hand.
(nach einigen Augenblicken stummer Betrachtung zu Hasling aufblickend). Selten hat ein Gedicht mir so zum Herzen gesprochen, wie dieses.

Hasling. Ich habe Ihnen auch die Noten zu demselben mitgebracht. (Nimmt ein Notenblatt aus der Tasche und überreicht es ihr.)

Pauline. Ach, ich danke Ihnen; werde ich es auch wohl spielen können. (Nimmt das Blatt und setzt sich ans Clavier, sie spielt.)

Hasling. (Den Schluß leise mitsingend.)
Geh' ich in's Schattenland
Wird die müden Augen schließen
Keine liebend theure Hand.

Pauline (steht auf und blickt Hasling theilnahmsvoll an). Sie müssen in recht trauriger Stimmung gewesen sein, als Sie das Lied verfaßten.

Hasling. Ach ja, liebes Fräulein, das war ich in der That. Ich habe so manches Leid erfahren, als ich noch jünger war. Jetzt bin ich ein alter Mann, aber die Erinnerung lebt doch noch immer in meinem Herzen.

Pauline (traurig.) Die Erinnerung stirbt nie!

Hasling. Aber ich will Sie nun nicht weiter stören, liebes Fräulein, denn Sie schienen beschäftigt. Adieu, auf Wiedersehen (reicht ihr die Hand).

Pauline (dieselbe ergreifend). Sie stören mich durchaus nicht, Herr Hasling. Ich will nur mein Zimmer etwas aufräumen. Leisten Sie mir ein wenig Gesellschaft dabei und nehmen Sie Platz.

Hasling (zögernd). Aber Sie erwarten jedenfalls Besuch?

Pauline (ihn zum Sopha drängend). Herr Fabricius kommt erst in einer Stunde. Erzählen Sie mir etwas.

Hasling (sich setzend). Nun, wenn Sie erlauben, ich beobachte Sie gern bei Ihren kleinen häuslichen Arbeiten.

Pauline (den Staub von Möbeln und Nippessachen wischend). Mir ist heute so eigenthümlich zu Muthe, als ob mir noch etwas recht unangenehmes widerfahren müßte. Mich bedrückt ein so eigenthümlich beklemmendes Gefühl, ohne daß ich mir Rechenschaft darüber zu geben vermag, aus welchem Grunde.

Hasling. Was könnte Ihnen widerfahren, liebes Fräulein. Sie sind jung und hübsch, die Welt und das Leben liegt vor Ihnen und wenn nicht eine besondere Sorge Ihr Herz bedrückt ...

Pauline. Ja, aber der Sorgen giebt es auch genug.

Hasling. Man macht sich zuweilen Sorgen, auch wenn eine Ursache zu solchen in Wirklichkeit nicht vorhanden ist.

Pauline. Ursache zu Sorgen ist immer vorhanden.

Hasling. Mir scheint es, daß Sie einer recht glücklichen und sorgenlosen Zukunft entgegengehen.

Pauline. O nein, Sie täuschen sich, ich glaube es nicht.

Hasling. Herr Fabricius scheint mir ein so ehrenwerther Mann zu sein, daß ....

Pauline (ihn unterbrechend verwundert). Herr Fabricius??

Hasling. Nun, ja, Ihr Herr Bräutigam.

Pauline (betroffen näher tretend). Wie, Sie halten Herrn Fabricius für meinen Bräutigam?

Hasling (verlegen). Nun ... nun ... ich meine ...

Pauline (auf einem der Fauteuils niedersinkend). Und Sie meinen, daß diese Ansicht von anderen Leuten ebenfalls getheilt wird?

Hasling. Nun, insofern als er doch allerdings gewisse Verpflichtungen gegen Sie hat, denn ....

Pauline (hastig aufstehend). Sie halten ihn für den Vater meines Kindes!

Hasling (erstaunt). Er wäre es nicht??

Pauline (sehr erregt). Nein, Herr Hasling, keineswegs .... aber .... o mein Gott .... Sie haben Recht .... seine häufigen Besuche müssen mich in ein durchaus falsches Licht stellen. Ich schwöre Ihnen, daß ich in keinerlei nahen Beziehungen zu Herrn Fabricius stehe.

Hasling (aufstehend, und voll Verwunderung). So befinde ich mich hier vor einem ungelösten Räthsel. Herr Fabricius ist es doch, der Ihnen Ihren ganzen Unterhalt gewährt.

Pauline. Allerdings!

Hasling. Nun, so müssen doch irgend welche Beziehungen zwischen Ihnen bestehen, denn ich sehe, daß Sie sogar von einem kleinen Wohlstand umgeben sind, der doch allem Anscheine nach einzig und allein von ihm herrührt.

Pauline (rasch einfallend). Weil ich ihn mir verdiene. Ich arbeite für ihn und er bezahlt mich.

Hasling (erstaunt). Sie arbeiten für ihn?

Pauline. Allerdings! (Oeffnet die Mappe und zeigt auf die Zeichnungen.) Sehen Sie, diese Zeichnungen hier sind Copien, die ich in seinem Auftrage angefertigt habe.

Hasling (sich setzend durchblättert die Mappe). So, so! also diese Copien machen Sie in seinem Auftrage?

Pauline. Ja!

Hasling. Die Zeichnungen verrathen immerhin ein gewisses Talent. (Schließt die Mappe.) Und Herr Fabricius bezahlt Sie hierfür?

Pauline. Jawohl! schon seit einer Reihe von Monaten.

Hasling. Und weiter machen Sie gar nichts?

Pauline. Ich muß bekennen, daß diese Arbeiten meine Zeit nicht voll ausgefüllt haben. Ich hatte aber bisher immer noch mancherlei Arbeiten für mich selbst auszuführen, so daß ich den Vorwurf der Trägheit nicht verdiene. Vor einigen Tagen habe ich aber in verschiedenen Zeitungen annoncirt, daß ich noch Handarbeiten aller Art für andere Leute zu übernehmen beabsichtige und es sind auch bereits einige Nachfragen gekommen.

Hasling. Ich verstehe aber immer noch nicht, wie das Anfertigen solcher Bleistiftcopien von Skizzen Ihnen ein so reiches Auskommen gewähren konnte.

Pauline. Es ist dennoch der Fall. Ich habe außer dem verabredeten Honorar nie etwas von Herrn Fabricius erhalten und würde auch nichts acceptirt haben.

Hasling. Nun dann, mein werthes Fräulein, bleibt für mich nur eine Erklärung: diese Copien haben für einen Maler absolut keinen Zweck und also auch keinen Werth. Herr Fabricius muß demnach ein besonderes Interesse haben, Ihnen dieselben so theuer zu bezahlen.

Pauline. Ich schwöre Ihnen, daß er keinerlei Interesse haben kann.

Hasling. Wie lange kennen Sie ihn?

Pauline (sich setzend). Fast so lange wie ich in Berlin bin, also ungefähr ein halbes Jahr.

Hasling. Hat er nie den Versuch einer weiteren Annäherung gemacht?

Pauline (die Augen senkend). Doch! im Anfang unserer Bekanntschaft. Er sandte mir Blumen und bat auch einmal mich ins Theater führen zu dürfen. Ich lehnte indessen gleich sehr entschieden ab und bat auch keine Blumen mehr zu senden, da mein Herz vergeben sei und ich dem . . . (sehr verlegen) Vater meines Kindes die Treue niemals brechen würde.

Hasling. Und er kam dennoch wieder?

Pauline. Ja!

Hasling. Wie lernten Sie Herrn Fabricius kennen.

Pauline (lebhafter). In Folge einer Annonce, die ich in den Zeitungen gelesen. Ich kam mit sehr wenigen Mitteln nach Berlin, in der Hoffnung hier meinen Lebensunterhalt finden zu können, miethete mir ein kleines Zimmerchen und durchstöberte täglich den Annoncentheil der Zeitungen nach Stellung oder Be=

schäftigung. In den ersten vierzehn Tagen waren alle meine Bemühungen einen Erwerb zu finden, vergeblich, meine kleinen Ersparnisse schwanden merklich zusammen. Da eines Tages las ich ein Inserat, laut welchem eine junge und (den Blick senkend) — wie es in dem Inserat hieß — hübsche Dame in einem Maleratelier Beschäftigung finden könne. Den Meldungen sollte die Photographie beigefügt werden. Ich hatte keine Ahnung, um was eigentlich es sich handele, gab aber meine Offerte ab, da ich einiges Talent im Zeichnen zu besitzen glaubte. Tags darauf erhielt ich einen Brief mit der Bitte, mich im Atelier des Herrn Fabricius einzufinden. Ich folgte derselben. Herr Fabricius theilte mir mit, daß er ein (senkt die Augen) Modell suche. Er theilte mir auch mit, worin die Functionen eines Modells beständen. Ich lehnte selbstverständlich ab. Herr Fabricius fragte mich darauf nach meinen Beziehungen, woraus sich ein längeres Gespräch entwickelte und entließ mich endlich mit dem Versprechen mir zu schreiben, da er mir möglicherweise andere Beschäftigung verschaffen könne. Am anderen Tage kam er selbst und stellte mir eben das Anerbieten, Copien von Bleistiftskizzen für ihn anzufertigen, was ich acceptirt habe.

Hasling (nach einigen Momenten Ueberlegens). So, so! Danach scheint es, daß Sie schon bei der ersten Begegnung einen gewissen Eindruck auf Herrn Fabricius gemacht haben. Vielleicht hat er aus Ihrem Auftreten sofort entnommen, daß Sie um einen Erwerb sehr verlegen waren.

Pauline. Das habe ich ihm sogar gesagt.

Hasling. Es war also anfänglich wahrscheinlich nur eine gewisse Regung des Mitleids. Er wollte Ihnen vorläufig aus der dringendsten Nothlage heraushelfen um unter der Hand nach einem dauernden Erwerb für Sie Umschau zu halten. Später stellte sich dann bei ihm ein tieferes Interesse für Sie ein und dies veranlaßte ihn das Interimistikum aufrecht zu erhalten und weiter für Sie zu sorgen.

Pauline. Ich habe ihm aber keinerlei Anlaß zu einem solchen Interesse gegeben.

Hasling. Nun, zunächst haben Sie doch nur Ursache, ihm dankbar zu sein.

Pauline (die Augen senkend). Allerdings wohl . . . aber . . .

Hasling. Verzeihen Sie mir noch eine Frage, da Sie mir nun doch einmal Ihr Vertrauen geschenkt haben.

Pauline. Ich bitte sehr.

Hasling (ihr die Hand reichend). Sie dürfen mir aber dieser Frage wegen nicht böse sein.

Pauline. Durchaus nicht. Im Gegentheil, ich will Ihnen jede Frage beantworten und Ihren Rath entgegennehmen.

Hasling. Nun denn, Sie haben Herrn Fabricius gesagt, daß Sie Ihr Herz für alle Zeit vergeben haben.

Pauline. Allerdings!

Hasling. Wie kommt es aber, daß jener andere, dem Sie eine so bedingungslose Treue bewahren, nicht in besserer Weise für Sie sorgt? (Pauline schweigt.) Nun?

Pauline (tief erröthend). Ich weiß es nicht!

Hasling (erstaunt). Sie wissen nicht? Sie dürfen auf keinen Fall zu stolz sein, an ihn zu schreiben, in welcher Lage Sie sich befinden — — thun Sie es sofort — — Sie wissen doch, wo er sich aufhält. (Pauline schüttelt den Kopf.) Wie? Sie wissen das nicht? (Pauline schüttelt wieder den Kopf.) — Nun das wäre immerhin zu ermitteln. (Steht auf.) Sie wissen, wo Sie ihn zuletzt gesehen haben und, da Sie seinen Namen kennen, . . . (Pauline seufzt tief auf.) . . . Vertrauen Sie mir den Namen an, ich werde Erkundigungen einziehen . . . .

Pauline (bittend). Herr Hasling, Sie spannen mich auf die Folter.

Hasling. Durchaus nicht, mein werthes Fräulein. Nur einzig und allein in Ihrem Interesse bitte ich Sie, nennen Sie mir den Namen . . . .

Pauline (mit wachsender Verzweiflung). Sie pressen mir das Herz ab, Herr Hasling! Wenn Sie es denn durchaus wissen wollen, ich kenne den Namen nicht. (Sie steht stürmisch auf, wendet sich um und verbirgt ihr Gesicht in ihren Händen.)

Hasling (nach einigen Momenten stummer Bestürzung). Wie!! (Er betrachtet sie einige Augenblicke stumm, dann geht er langsam mit gesenktem Haupte der Thür zu.)

Pauline (sich nach ihm umwendend mit bittendem Tone). Herr Hasling!

Hasling. Nun?

Pauline. Halten Sie mich nicht für eine leichtfertige Person, ich bin es nicht. (Geht auf ihn zu, reicht ihm die Hand und führt ihn zurück.) Hören Sie mich noch einen Augenblick an. Ich lernte ihn in meiner Heimath kennen. Er nannte sich Lothar Düring. Ich glaubte auch, daß dies sein wirklicher Name sei, später, als er plötzlich verschwand und ich Erkundigungen nach ihm einzog, erfuhr ich aber, daß ein Mann Namens Lothar Düring in dem betreffenden Orte überhaupt nicht existirt hatte.

Hasling. Unerhört!! — — — und was haben Sie gethan um seinen wahren Namen zu erfahren?

Pauline. Alles Denkbare!

Hasling. Und alles war vergeblich?

Pauline. Alles!

Hasling. Und einem Mann, der Sie auf so schmachvolle Weise hintergangen hat, wollen Sie Treue bewahren?

Pauline. Herr Hasling, ich kenne die Ursachen nicht, die ihn zwangen, mir seinen wahren Namen zu verschweigen, ich kenne auch die Ursachen nicht, die sein plötzliches spurloses Verschwinden veranlaßten. Ich weiß nur, daß ich ihn geliebt habe, wie nie einen Mann und ich weiß, daß er — so sehr Sie auch sein Verhalten tadeln mögen, so wenig ich mir selbst über die Ursachen desselben Rechenschaft zu geben vermag - doch stets in einem viel zu edlen Charakter mir erschienen ist, als daß ich an seine Schuld wirklich zu glauben vermöchte.

Hasling. Und haben Sie nicht wenigstens gewisse Anhaltspunkte, die dazu führen könnten, seinen Namen zu ermitteln.

Pauline. Nur einen einzigen und noch überdies sehr schwachen.

Hasling (hastig). Wenn immer! worin besteht derselbe.

Pauline. Ich habe ein Taschentuch von ihm, gestickt mit einer Grafenkrone und den Buchstaben L. v. E.

Hasling. Und es war wirklich sein Tuch?

Pauline. Ich nehme es an, um so mehr, als der Buchstabe L. dem Vornamen Lothar entspricht

Hasling. Graf Lothar v. E. . . (Nachdenkend.) Ich dächte, der Name muß zu ermitteln sein. (Es klopft) Klopfte es nicht.

Pauline. Mir schien es so.

Hasling. So will ich mich empfehlen. Leben Sie wohl. (Reicht ihr die Hand.)

Pauline (diese hastig ergreifend). Nein, nein, es wird Herr Fabricius sein und ich möchte nicht allein mit ihm bleiben.

Hasling. Nun, so werde ich bleiben!

Pauline (laut). Herrein!! (Frau v. Dürkheim tritt ein, Pauline geht ihr entgegen mit den Worten): Ach Frau v. Dürkheim, Ihre ergebene Dienerin!

3. Scene.

Frau v. Dürkheim. Die Vorigen.

Fr. v. Dürkheim (weiter vortretend). Guten Morgen, mein Fräulein, störe ich etwa?

Pauline. Durchaus nicht, gnädige Frau, der Herr ist mein Nachbar, Herr Hasling. (Frau v. Dürkheim verneigt sich leicht.)

Hasling. Ich werde mich lieber empfehlen, meine Damen.

Fr. v. Dürkheim. Nicht etwa meinetwegen, mein Herr, denn ich habe durchaus keine Geheimnisse mit Fräulein zu unterhandeln.

Pauline (zu Hasling). Also bitte auch ich Sie zu bleiben. (Hasling setzt sich aufs Sopha und blättert in der Zeichenmappe,

Pauline fährt fort zu Fr. v. Dürkheim.) Wollen Sie nicht gefälligst Platz nehmen, gnädige Frau?

Fr. v. Dürkheim (sich auf einen Fauteuil setzend). Ich danke sehr. Ich komme, wie Sie sich wohl denken können, in der Absicht, Ihnen einige Beschäftigung zu bringen.

Pauline. Sehr gütig, gnädige Frau. Dieselbe kommt mir jetzt besonders gelegen, da ich die bisherige Thätigkeit, durch welche ich meinen Unterhalt mir erworben habe, jetzt aufzugeben beabsichtige.

Fr. v. Dürkheim. Womit, wenn ich fragen darf, haben Sie sich bisher beschäftigt?

Pauline (verlegen). Mit . . . . mit . . . . ich habe für ein Geschäft gearbeitet.

Fr. v. Dürkheim (durch ein Lorgnon die Einrichtung des Zimmers musternd). Ah so! für ein Geschäft . . . . Nun also mein Fräulein, Sie würden jetzt geneigt sein, einige Arbeiten auszuführen?

Pauline. Ja wohl, gnädige Frau.

Fr. v. Dürkheim. Ich habe einen ausgedehnten Bekanntenkreis und würde Sie auch weiter empfehlen können. (Pauline verbeugt sich.) Zunächst würde es sich jetzt darum handeln, in ein Dutzend Taschentücher eine Krone und Namensbuchstaben einzusticken. Werden Sie das können?

Pauline (etwas verlegen). Ohne Zweifel, gnädige Frau.

Fr. v. Dürkheim (überreicht ein kleines Packet). Hier sind die Tücher.

Pauline (legt das Packet auf den Schreibtisch). Sehr wohl! und welche Buchstaben?

Fr. v. Dürkheim. Wollen Sie gefälligst notiren?

Pauline (sich an das Schreibpult setzend). Ich bitte sehr.

Fr. v. Dürkheim. Also die Buchstaben: L. v. E.

Pauline (aufschnellend erschreckt). L. v. E.

Fr. v. Dürkheim (erstaunt scheinend). Sie sind erschrocken? Kennen Sie eine Person mit diesen Initialen?

Pauline (zitternd). Allerdings . . . .

Fr. v. Dürkheim. Sollte Ihnen vielleicht zufällig Fräulein Lilli v. Elsner bekannt sein.

Pauline (erstaunt). Lilli v. Elsner? Nein!

Fr. v. Dürkheim. Nun also für diese Dame sind die Tücher, ich komme in ihrem Auftrag (Bei Seite für sich.) Sie kennt also den Namen Lothar's, nicht aber den Lilli's.

Pauline (setzt sich und schreibt, dann steht sie auf). So ich habe die Buchstaben notirt.

Fr. v. Dürkheim. Und über den Buchstaben eine Krone mit fünf Perlen.

Pauline. Wird bestens ausgeführt werden.

Fr. v. Dürkheim (aufstehend). Also adieu, mein Fräulein, adieu mein Herr. (Hasling erhebt sich zum Gruß. Fr. v. Dürkheim geht zur Thür.)

Pauline (sie begleitend). Ich empfehle mich, gnädige Frau. (Frau v. Dürkheim ab.)

4. Scene.

Pauline. Hasling.

Pauline (an der Thür, indem sie die Hand an ihr Herz hält). O mein Gott! wie mir das Herz klopft! seine Buchstaben! L. v. E.

Hasling. Ja! ein seltsamer Zufall! Auch ich war im ersten Augenblick im höchsten Grade bestürzt, um so mehr als wir noch soeben von den ominösen Buchstaben gesprochen hatten.

Pauline (weiter vorgehend). Und wie sie mich fragte, ob ich Jemand kenne, dessen Name diese Buchstaben trägt!

Hasling. Ich möchte Ihnen jetzt doch einige Ruhe anempfehlen, liebes Fräulein, damit Sie sich von der Aufregung erholen. Ich werde mich also nun wirklich empfehlen. Leben Sie wohl!

Pauline (bittend). Ach nein! Herr Hasling, gerade jetzt bitte ich Sie recht inständig mich nicht allein zu lassen. Ueberdies kann Herr Fabricius jeden Augenblick kommen. (Blick nach der Uhr.) Und ich habe mehr Muth ihm Alles zu sagen, wenn Sie zugegen sind.

Hasling. Wollen Sie meinen Rath befolgen, Fräulein Pauline?

Pauline. Ohne Zögern!

Hasling. Nun dann ... brechen Sie nicht so unbedingt jede Beziehung zu Herrn Fabricius ab.

Pauline. Aber ich kann doch nichts mehr von ihm annehmen und muß mir doch auch seinen Besuch verbitten.

Hasling. Sie können das thun auch ohne die Brücke, die Sie trennt, ein für alle Mal hinter sich abzubrechen.

Pauline (seufzend). Wer weiß, was aus mir geworden wäre, wenn ich nicht seine Unterstützung gehabt hätte.

Hasling. Sehen Sie wohl?

Pauline. Und dennoch erdrückt mich dieses Bewußtsein.

Hasling. Die Unterstützungen, die er Ihnen gewährt, sind in der denkbar zartesten Weise, ohne daß Sie selbst etwas geahnt haben, Ihnen zugeflossen.

Pauline. Was also rathen Sie mir zu thun?

Hasling. Sagen Sie ihm, sobald er kommt, daß Sie augenblicklich andere Beschäftigung haben und deshalb vorläufig für ihn nicht mehr arbeiten können.

Pauline. Sie haben Recht. Ich werde ihm den mir gewordenen Auftrag zeigen und schon jetzt, ehe er kommt, mit der Arbeit beginnen.

Hasling. Thun Sie das.

Pauline (nach dem Packet auf dem Tisch zueilend, bleibt plötzlich stehen). Aber, was fällt mir ein, er wird mich für die fertigen Zeichnungen bezahlen wollen.

Hasling. Nehmen Sie es ruhig an, Sie dürfen ihn nicht verletzen.

Pauline. Ich nehme nichts, Herr Hasling, auf keinen Fall.

Hasling. Nun so schließen Sie die von Ihnen gefertigten Zeichnungen fort (er beeilt sich dieselben auseinander zu suchen) und sagen Sie, daß Sie noch keine Zeit gehabt hätten, die von ihm übertragenen Aufträge auszuführen, dann hat er keine Veranlassung Ihnen Geld anzubieten.

Pauline. Sie haben Recht. (Schließt die Zeichnungen in ihren Schreibtisch.) Seine eigenen Vorlagen gebe ich ihm zurück.

Hasling. Jawohl und nun adieu!

Pauline. Ich bitte Sie dringend zu bleiben.

Hasling. Wie Sie wollen. (Er setzt sich.)

Pauline. Und ich beginne schnell meine Arbeit.

Hasling. Thun Sie das.

Pauline (erschreckt.) Da klopft es schon! (Laut.) Herrein! (Fabricius tritt ein.)

5. Scene.

Fabricius. Die Vorigen.

Fabricius (freudig auf Pauline zugehend). Guten Tag, Fräulein Pauline. (Er reicht ihr die Hand, die diese zögernd nimmt. Dann zu Hasling gewandt.) Ach guten Tag, Herr Hasling! (Zu Pauline.) Warum reichen Sie mir so zögernd die Hand. (Blickt betroffen auf Hasling.) Was ist vorgefallen?

Pauline (verwirrt.) Nichts! nichts! indessen.

Fabricius. Nun?

Pauline mit niedergeschlagenen Augen und ihm die Hand entziehend, zitternd.) Ich habe Ihre Aufträge nicht ausführen können, ich hatte . . . .

Fabricius (in heiterem Tone und lächelnd). Nun liebes Fräulein, wenn es weiter nichts ist, so außerordentlich eilig brauche ich die Zeichnungen nicht, und . . .

Pauline (ihn unterbrechend mit Fassung.) Nein, ich bitte, Herr Fabricius, seien Sie mir nicht böse darüber, ich habe jetzt eine andere Beschäftigung und muß für die Folge davon Abstand nehmen, für Sie . . . . thätig zu sein.

Fabricius (betroffen.) Wie! war etwa . . . .

Pauline (ihn schnell unterbrechend). Das Honorar, welches Sie mir gezahlt, war überaus reichlich, viel zu reichlich, aber . . .

Fabricius. Nun?

Pauline. Ich habe anderweite Verpflichtungen übernommen und (leise und tief erröthend) möchte Sie bitten nicht mehr zu mir zu kommen.

Fabricius (mit bittender Stimme.) Fräulein Pauline!

Pauline (wie vorhin). Es muß sein. (Dann rasch aufblickend.) Und daß ich wirklich Beschäftigung und also auch Einkommen habe, (sie geht zum Tisch) hier sehen Sie (sie überreicht ihm das Packet und den Zettel mit den Buchstaben). Es sind Taschentücher und ich habe den Auftrag, diese Buchstaben einzusticken.

Fabricius (erstaunt). L. v. E.

Pauline (rasch indem sie das Packet wieder hinlegt). Ja! L. v. E.! für Fräulein Lilli v. Elsner!

Fabricius (einen Augenblick nachsinnend). Wahrhaftig! welch ein eigenthümlicher Zufall, also auch sie hat diese Anfangsbuchstaben.

Pauline (bestürzt). Auch sie? wer denn noch?

Fabricius (erstaunt). Wer noch? Nun, zufällig auch der Bräutigam dieser Dame, mein intimster Freund, Graf Lothar v. Este!

Pauline (sinkt mit lautem Aufschrei in Ohnmacht in die Arme von Fabricius. Hasling eilt ebenfalls hinzu).

Fabricius (erschrocken). Was ist geschehen? O, mein Gott, was habe ich gethan! Erklärung! Erklärung!

Hasling (ernst und ruhig). Er ist . . . .

Fabricius (rasch). Ihr Verführer!!!

Hasling (nicht bejahend).

Fabricius (schmerzlich). O weh! so habe ich meinen besten Freund verloren.

Verwandlungsvorhang fällt.

6. Scene.

Maleratelier. Vorn eine Staffelei mit angefangenem Gemälde. Im Atelier befindet sich ein Sopha und einige Fauteuils, vor dem Sopha ein Tisch.

Lothar (tritt hastig ein und wirft seinen Hut auf den Tisch). Zum dritten Male bin ich jetzt hier und Fabricius ist immer noch nicht von seinem Ausgang zurück, es ist zum verzweifeln (geht unruhig einige Schritte auf und nieder, dann am Tisch stehen bleibend), ich muß ihn sprechen und wenn ich jetzt bis Mitternacht hier warten soll. — Der Gedanke, daß jene Unglückliche, von der er gestern zu Frau v. Elsner sprach, Pauline sei, will mir nicht aus dem Sinn, so sehr ich mich auch gegen diesen Gedanken wehre. (Geht einige Schritte auf und ab.) Aber zu welchem Zwecke sollte sie hierher gekommen sein? — Meinen Namen kennt sie nicht! — — Der Zufall spielt zuweilen eigenthümlich — wenn sie ihn dennoch erfahren hätte? — — — Es ist kaum denkbar — — (bleibt stehen und hält die Faust vor die Stirn) und doch ist es mir, als wenn ich immer eine Stimme hörte, welche ruft: sie ist es. (Geht einige Schritte, dann stehen bleibend.) Seit Monaten war der Gedanke an sie wie verwischt aus meinem Herzen und gerade jetzt, da ich auf der Brücke stehe, die mich einer goldenen Zukunft entgegen führen soll, muß ich mit solch einer Macht an sie erinnert werden. Wie durch Blitzes Gewalt tritt ihr Bild vor meine Seele und verfolgt mich Schritt für Schritt, ohne daß ich mich dagegen auch nur zu wehren vermag. (Geht von einem Ende der Bühne zum andern und wieder zurück, dann stehen bleibend mit Entschlossenheit.) Ich darf sie auf keinen Fall ihrem Schicksal überlassen. Ich muß einen Entschluß fassen, wie ich für sie sorge. (Geht überlegend einige Schritte, dann stehen bleibend.) Sie wird keine Almosen annehmen und wie schimpflich würde es auch sein, mit dem Gelde der Gattin, der man Liebe betheuert, die Maitresse zu erhalten! — — Maitresse! wie gemein, wie niedrig, wie ihrer so ganz unwürdig klingt dieses Wort — (schwärmerisch) aus Liebe, aus reinster, uneigennützigster Liebe gab sie sich mir hin, aus Liebe für mich hat sie gelitten, aus Liebe hat sie Glück und Jugend und Schönheit, Ehre und Zukunft geopfert! (Mit Zerknirschung.) Und ich!! was habe ich gethan? sie belogen, hintergangen, verlassen! (Geht nach dem Sopha und wirft sich auf dasselbe, indem er vor sich hinbrütet, dann steht er auf und geht wieder einige Schritte, plötzlich stehen bleibend.) Soll ich Lilli aufgeben? Soll ich zu ihr gehen und sie um Verzeihung bitten? O sie würde mir sicher vergeben. Ich würde sie glücklich machen und selbst glücklich werden, denn ihr Bild wird nie aus meiner Seele verschwinden. — Ihr Bild! (Sucht in der Tasche.) Ich hatte es doch sonst stets bei mir. (Er faßt ein Bild.) Ha! (Enttäuscht.) Ach es ist .... Lilli's Bild! (Blickt es aufmerksam an.) Wie hold das Schelmenauge lächelt! (Seufzend.) Dich soll ich hintergehen, Du selbst so jung, so hübsch, so der Liebe werth in jeder Beziehung. Lug und Trug im Herzen blick ich Dir in Dein junges unschuldiges Auge, Lug und Trug im Herzen schwör ich Dir Liebe und Treue. (Steckt das Bild unwillig ein, geht einige Schritt auf und nieder vor sich hinsprechend.) Und doch darf ich Lilli nicht aufgeben meiner Mutter wegen! ich muß! ich bin gezwungen, es giebt keine Rückkehr. — — Ach! es war eine verdammte Jugendthorheit, daß ich Pauline an mein Schicksal kettete, aber es ist zu spät es jetzt zu bereuen. Ich wußte, daß ich arm bin, ich wußte, daß meine Mutter Alles opfern würde, um mir die Verbindung mit einer reichen Standesgenossin zu ermöglichen, ich wußte das Alles und habe dennoch Pauline an mich gekettet. (Unmuthig.) Es war ein bodenloser Leichtsinn! — — Leichtsinn!! das ist ein recht bequemes Wort! jedes Vergehen, jedes Verbrechen läßt sich mit dem Worte „Leichtsinn" entschuldigen. Es giebt überhaupt gar kein Verbrechen mehr, sondern nur noch Leichtsinn, auch keine Verbrecher, sondern nur leichtsinnige Menschen hahahaha!! (Vor seinem Lachen erbebend.) Nein, Leichtsinn ist gerade das schlimmste Verbrechen! es umfaßt alle anderen und hat alle anderen im Gefolge! — — — Aber wenn es wirklich ein so verdammungswürdiges Verbrechen war, welches ich beging, warum hat die Natur die Neigung und die Sehnsucht nach Liebe in unser Herz gelegt? Bin ich wirklich so schuldig, daß ich dieser Neigung gefolgt bin? Ist die Verbindung mit Paulinen wirklich nur meinem Leichtsinn entsprungen? War es nicht aufrichtige Liebe, die mich zu ihr hinzog, die mich an sie fesselte und die noch heute in meinem Herzen lebt?? Bin ich wirklich so schuldig? — — Aber wenn es nicht der Fall ist, warum packt mich jetzt die Reue so furchtbar an! warum! warum! warum ist es mir immer, als wenn ich die Worte hörte: Du hast Paulinen's Lebensglück zerstört, Du hast sie elend gemacht, Du, Du allein, vergebens suchst Du Dich hinter dem Schicksal zu verstecken, Du selbst bist Dein Schicksal!! — O mein Gott! mir ist es, als ob ich den Verstand verlieren müßte. (Bleibt einige Momente mit gesenktem Haupte stehen, dann plötzlich auffahrend und sich umwendend.) Ich höre Tritte! Fassung! es ist Fabricius! (Geht einige Schritt der Thür zu, durch welche Fabricius eintritt.)

7. Scene.

Fabricius. Lothar.

Fabricius (nach dem Tisch zugehend). Du hier?

Lothar (sich ihm nähernd). Zum dritten Mal heute. — Guten Morgen!

Fabricius (kalt). Guten Morgen. (Legt seinen Hut auf den Tisch und zieht die Handschuhe aus.) Was wünschest Du von mir?

Lothar. Warum dieser kalte Ton?

Fabricius (gezwungen). Also was ist Dein Begehr?

Lothar. Wie soll ich dieses eigenthümliche Betragen . . .

Fabricius (entschieden). Was ist Dein Begehr?

Lothar (zögernd). Eine Frage wollte ich an Dich richten!

Fabricius. Also bitte . . . .

Lothar. Du erwähntest gestern im Gespräche mit der Frau v. Elsner eines Mädchens . . . .

Fabricius (ihn unterbrechend). Du willst wissen, ob dieses Mädchen Pauline Walden heißt!

Lothar (bestürzt). Pauline Walden!! . . . . so weißt Du Alles?

Fabricius (ihn mit Verachtung ansehend). Wünschest Du sonst noch etwas von mir? (Lothar schweigt, Fabricius blickt ihn noch einige Augenblicke ebenfalls schweigend an, zieht dann einen Arbeitsrock an, geht zur Staffelei und macht sich an dem bereits angefangenen Bilde zu schaffen.)

Lothar (folgt ihm mit den Blicken, dann nach einigen Momenten gegenseitigen Schweigens). Fabricius!!

Fabricius. Nun?

Lothar. Deine Freundschaft ist mir zu theuer, als daß ich sie verlieren möchte. Höre mich wenigstens an, ehe Du mich verurtheilst!

Fabricius (den Pinsel fortlegend und Heilfeld gegenübertretend mit bitterem Ton). Glaubst Du, daß ich leichtfertig meine Freundschaft fortgebe, um sie bei beliebiger Gelegenheit mit lächelnder Miene wieder zurückzunehmen? Ich bin hier und dort in der Welt gewesen und habe viele Menschen gesehen, mit vielen verkehrt, die guten und schlechten Eigenschaften vieler kennen gelernt. Es war Keiner unter ihnen, zu dem ich ein solches Vertrauen, eine solche Hingabe hätte fassen können, um ihn Freund zu nennen. Nicht etwa, weil ich Keinen dieser Bezeichnung für würdig erachtete, im Gegentheil, ich habe viel Gutes und Edles gesehen, so daß ich mich selbst stets viel schlechter erachtete, als alle Diejenigen, welche ich kennen lernte, aber, mag es nun sein, daß meine Bekanntschaften stets nur flüchtiger Natur waren, ich sah die Menschen, achtete oder verachtete sie und — vergaß sie. (Feurig.) Nur einen Mann nannte ich meinen Freund — und das warst Du! Dich liebte ich, wie mich selbst, ja mehr als das, wie einen Bruder, wie das Sinnbild alles Edlen und Guten; ich hätte Häuser auf Deine edle Gesinnung gebaut, mein Glaube an Dich hätte Berge von ihrer Stelle gerückt — — (dumpf) und nun zu fühlen, daß ich mich in Dir getäuscht habe — — mir ist es — — als wenn ich (er geht zur Staffelei zurück) ein Stück meines Herzens mir aus dem Busen reißen müßte. (Versucht weiter zu arbeiten.)

Lothar (mit gesenktem Auge). Kanzle mich ruhig ab! Du hast recht, vollständig recht, so zu mir zu sprechen, aber — — — ich bin nicht so schuldig, wie Du glaubst.

Fabricius (den Pinsel fortlegend, geht auf Lothar zu und reicht ihm die Hand). Freund! es ist noch nicht zu spät. Du bist zwar mit Lilli verlobt, aber noch nicht mit ihr verheirathet. Pauline hat ein Recht auf Dich, ein älteres Recht jedenfalls, als Deine Braut, und ein begründeteres. Frau v. Elsner wird Dir Dein Wort zurückgeben, wenn Du ihr die Umstände auseinander=

setzest, Du wirst wieder gut machen, was Du verdorben, wirst ein armes, ehrenwerthes Mädchen, welches Du dem Unglück überantwortet hast, glücklich machen und selbst glücklich sein in dem Bewußtsein, eine edle That begangen zu haben. (Läßt Lothars Hand los und blickt ihn erwartungsvoll an.)

Lothar (dumpf). Ich kann nicht!

Fabricius. Der Mensch kann, was er will. Die tiefste Herzensneigung läßt sich bekämpfen, wenn die Pflicht es gebietet — ich selbst habe das an mir erfahren — und hier gebietet die Pflicht! Ich gebe gerne zu, daß Dir der Verlust eines Mädchens, wie Fräulein v. Elsner ist, nicht gleichgiltig sein kann. Aber Du wirst diesen Verlust, so herb er auch sein mag, verschmerzen und das Bewußtsein, Deine Pflicht erfüllt zu haben, wird Dich entschädigen.

Lothar (dumpf). Ich liebe sie nicht.

Fabricius. Wen liebst Du nicht?

Lothar. Nur einmal im Leben habe ich ein Weib geliebt und dieses Weib heißt — Pauline!

Fabricius (erstaunt). Und jetzt?

Lothar. Ich habe eine Zeit hindurch geglaubt, Lilli zu lieben, aber ich fühle, daß es nicht der Fall ist. Ich komme mir vor, wie eine Locomotive, die ihren Cours verloren hat und einem Abgrunde entgegensaust. Ich sehe den Abgrund vor mir, aber ich kann nicht zurück! ich kann nicht, ich kann nicht!!

Fabricius. Wie soll ich das verstehen?

Lothar. Ich bin gefesselt an Händen und Füßen.

Fabricius (geht wieder zur Staffelei und arbeitet). Du sprichst in Räthseln.

Lothar. Du weißt, daß ich meine letzten Studiensemester in Bonn absolvirt habe. Du weißt auch, daß ich etwas spät zur Universität kam und dieselbe erst vor einem Jahr verließ.

Fabricius. Ich weiß es.

Lothar. Zuweilen unternahm ich von Bonn aus größere Fußpartien in die Berge. Auf einer solchen Partie lernte ich Pauline kennen. Sie wohnte mit

3*

ihrer Mutter in einem kleinen Orte der Gegend. Mein Interesse für sie ward ein außergewöhnliches. Nachdem ich sie dann wiederholt gesehen, gewann ich ihre Zuneigung und später ihre Liebe.

Fabricius (weiter arbeitend). Und verschweigst ihr Deinen Namen!

Lothar. Nicht jedoch, um sie zu täuschen. Meine ernste Absicht war, Pauline zu heirathen, sobald ich unabhängig sein würde. Bei unserem ersten Zusammentreffen veranlaßte mich zwar nur eine gewisse Scham, ihr meinen adligen Namen nicht zu nennen, weil ich, wie Du weißt, von meiner Mutter mit sehr knappen Geldmitteln ausgestattet war und daher fürchtete, den Cavalier nicht gehörig repräsentiren zu können. Auch glaubte ich, Ihr Vertrauen leichter zu gewinnen, wenn ich mit bürgerlichem Namen vor ihr erschiene. Als mein Interesse für sie ein tieferes wurde, fürchtete ich aber, sie durch das Geständniß der Täuschung zu verlieren und überdies lag mir Alles daran, Vorsorge zu treffen, daß meine Mutter von meinen Beziehungen zu Pauline nichts erführe. Mein Plan war gefaßt: Wie der Prinz in dem Märchen wollte ich, sobald ich meine Examina bestanden und eine unabhängige Stellung als Richter oder Rechtsanwalt gefunden, vor der Geliebten erscheinen, ihr die kleine Täuschung enthüllen und sie heimführen. (Fabricius tritt einige Schritte von seinem Bilde zurück, dasselbe musternd.)

Fabricius. Nun weiter? (Setzt die Arbeit fort.)

Lothar. Unsere Beziehungen blieben unverändert die gleichen, bis ich nach Beendigung meiner Studien gezwungen war, Bonn zu verlassen und einige Zeit bei meiner Mutter in Erfurt zuzubringen. Hier traf ich Vorsorge, daß ich Briefe unter dem von mir Paulinen gegenüber angenommenen Namen erhalten konnte. Plötzlich hörten diese Briefe auf.

Fabricius. Das heißt, Du hörtest auf zu schreiben?

Lothar. Im Gegentheil, ich schrieb täglich, erhielt aber keine Antwort.

Fabricius (erstaunt die Arbeit unterbrechend). Das ist ja höchst eigenthümlich.

Lothar. Hat sich später aber sehr einfach dadurch aufgeklärt, daß meine Mutter, durch wer weiß welchen unglücklichen Zufall, von unserer Correspondenz erfuhr und stillschweigend Vorsorge traf, daß dieselbe unterschlagen wurde.

Fabricius (den Pinsel fortlegend). Das ist ja aber abscheulich! (Er tritt Lothar gegenüber.) Setze Dich doch nieder! (Lothar setzt sich, Fabricius desgleichen.) Wann hast Du denn von der Unterschlagung Kenntniß erhalten?

Lothar. Erst vor einigen Wochen, als ich meine Mutter, die, wie Du weißt, sehr ernstlich krank ist, besuchte und ihre gesammten Papiere einer Durchsicht unterzog. Ich war bereits mit Lilli verlobt und konnte bezüglich Paulinens trotz aller erdenklichen Bemühungen nichts weiter erfahren, als daß ihre Mutter gestorben und sie selbst abgereist sei, unbekannt wohin und ohne irgend welche Beziehungen zu hinterlassen.

Fabricius. Nun, jetzt weißt Du aber, wo sie sich befindet.

Lothar. Allerdings! höre aber zunächst das Ende meiner Geschichte. Es war, wie Du weißt, stets der Plan meiner Mutter, daß ich durch eine reiche Heirath unseren zerrütteten Vermögensverhältnissen zu Hilfe kommen und unserem Namen wieder Ansehen verschaffen solle. Diesen Plan hat sie stricte verfolgt. Sie war durch anderweite Empfehlungen mit Herrn v. Morowski bekannt geworden, der mich im Hause der Geheimräthin v. Elsner einführte. Wie ich dort aufgenommen bin, weißt Du

Fabricius (nicht bejahend).

Lothar. Lilli hat natürlich keine Ahnung davon, daß mein Verlöbniß mit ihr das Product einer ganz gewöhnlichen Ehevermittlung ist.

Fabricius. Was!

Lothar. Wofür Morowski, sobald die Hochzeit stattgefunden, eine Provision von 20 000 Thaler erhält.

Fabricius. Wäre es möglich!

Lothar. Und, was die Hauptsache ist, er hat mich in seiner Gewalt, so daß ich nicht mehr zurück kann!

Fabricius. Wieso das?

Lothar. Lieber Freund! zunächst beurtheile den Menschen vom rein menschlichen Standpunkte aus. Als ich Lilli kennen lernte, war Pauline für mich verschollen. Ich war der Ueberzeugung, daß unsere Beziehungen nicht durch meine, sondern durch ihre eigene Schuld gelöst waren, denn von der Unterschlagung der Briefe wußte ich noch nichts. Nun ist, wie Dir bekannt, Lilli jung, schön, liebenswürdig und überdies immens reich. Als einziger Erbin fallen ihr alle die Millionen zu, die der verstorbene Geheime Commerzienrath v. Elsner hinterlassen hat. Ich setzte also wirklich Alles daran, ihr Interesse zu gewinnen. Morowski setzte mir nun auseinander, daß ich als Cavalier auftreten müsse und meine mißliche finanzielle Lage nicht durchblicken lassen dürfe. Das leuchtete mir sehr wohl ein. Ich nahm daher sehr gern die Darlehen, die er mir gab, und erfüllte alle Bedingungen, die er mir auferlegte. Ich will Dich nicht mit vielen Details langweilen, kurz, er besitzt von mir für ca. 6 bis 7000 Thaler, die ich baar von ihm erhielt, Wechsel in Höhe von 20 000 Thaler und überdies ist ihm seine Provisionsforderung von ebenfalls 20 000 Thaler bereits hypothekarisch auf dem Gute meiner Mutter eingetragen worden.

Fabricius. Unerhört!!

Lothar. Es wäre der Tod meiner Mutter, wenn das Gut zur Subhastation käme. Die Sorgen, die ihr aus dieser Angelegenheit erwachsen sind, haben ihre Krankheit an und für sich akuter gestaltet, und sie dringt auf Beschleunigung der Hochzeit.

Fabricius (nach einigen Momenten.) Armer Freund!

Lothar. Was soll nun aus Paulinen werden?

Fabricius. Du mußt für sie sorgen.

Lothar. Ohne Zweifel.

Fabricius. Aber sie wird nichts von Dir annehmen wollen.

Lothar. Also, was soll ich thun?

Fabricius (nach einigem Nachdenken). Thue vorläufig noch keinerlei Schritte, bis ich Dir Nachricht gebe. (Er steht auf.)

Lothar (ebenfalls aufstehend und Fabricius die Hand reichend). Gut denn! ich lege Paulinens Schicksal in Deine Hand.

Ende des zweiten Actes.

Dritter Act.

1. Scene.

Zimmer im Hause der Geheimen Commerzienräthin v. Elsner. Im Hintergrund eine große Flügelthür. Rechts und links Seitenthüren. Unter Anderem befindet sich in dem Zimmer ein Schreibtisch mit Schreibmaterial. Lilli und Helene sitzen einander gegenüber auf Fauteuils im Geplauder mit einander.

Lilli. Hahaha! Das ist aber in der That ergötzlich. Habt Ihr denn nicht sofort gemerkt, daß es ein falscher Eisenbahnzug war, in welchem Ihr Euch befandet?

Helene. Offen gestanden, merkte ich sofort, als Papa einstieg, daß es nicht der Zug sei, der uns in wenigen Minuten nach dem Hüttenwerke zurückführen müsse. Ich habe aber absichtlich von meiner Beobachtung nichts merken lassen, da der Aufenthalt auf dem Werke nicht allzu interessant ist. Papa wurde den Irrthum auf der ersten Station bereits gewahr, erfuhr aber zugleich, daß kein Zug an demselben Abend uns mehr zurückführen könne und daß nichts übrig bleiben würde, als die Fahrt bis Dresden fortzusetzen, um dort zu übernachten. Zufällig hatte Papa auch wirklich eine geschäftliche Angelegenheit in Dresden zu erledigen und wir blieben gestern den Tag über dort. Als er Abends die Rückreise antreten wollte, setzte ich ihm auseinander, daß es eigentlich ein Wink des Schicksals sei, und bat ihn, mir doch zu gestatten, bis zu Deiner Hochzeit mich bei Dir in Berlin aufhalten zu dürfen. Nach vielen Mühen ging er auf meine

Bitten ein und — so sind wir heute angelangt. Papa reist wieder fort, ich aber bleibe bei Dir.

Lilli. Das ist reizend. Ich langweile mich ohnedies ungeheuer (steht auf und geht zu Helene).

Helene (ebenfalls aufstehend). Daß Du Dich langweilst, scheint mir ja zwar nicht sehr wahrscheinlich. Wenigstens halte ich es für unmöglich, daß eine Braut sich wenige Tage vor ihrer Hochzeit langweilen könne. Wo ist denn der Graf? Wie kommt es, daß er nicht hier ist?

Lilli. Ich weiß es nicht! ich habe ihn gestern nur flüchtig und heute noch gar nicht gesehen.

Helene. Du scherzest wohl! ich denke, Ihr befindet Euch täglich in Gesellschaft mit einander?

Lilli. Früher kam er allerdings täglich.

Helene. Und jetzt nicht mehr?

Lilli. Er wird vielleicht Geschäfte zu erledigen haben. Gestern habe ich ihn nur fünf Minuten gesprochen und er war im höchsten Grade mißmuthig, ich möchte sogar sagen, unliebenswürdig. Er gefiel mir durchaus nicht.

Helene. Vielleicht hat er unerfreuliche Nachrichten über den Gesundheitszustand seiner Mutter erhalten.

Lilli. Mag sein, ich weiß es nicht, ich will ihn auch nicht fragen.

Helene. Du mußt ihn aufzuheitern suchen.

Lilli. Ich werde sehen. Komm in den Garten und sing mir ein hübsches Liedchen vor.

Helene. Sind die Kirschen schon reif bei Euch?

Lilli. Kirschen und Erdbeeren. Was Du willst. Komm!

Helene. Gut! Gehen wir. (Beide ab.)

2. Scene.

Peterlein und v. Hertzberg treten auf.

Hertzberg. Hehehehe! also in falschen Zug sind Herr Generaldirector eingestiegen? Wahrhaftig, höchst spaßhaft.

Peterlein. Mir ist es durchaus nicht spaßhaft. Ich habe soeben ein Telegramm erhalten, daß die Arbeiter auf meinem Werke zu streiken beabsichtigen. Meine Anwesenheit daselbst würde also gerade heute sehr nothwendig sein, und es ist mir im höchsten Grade fatal, daß ich mich noch zwei Stunden bis zum Abgang des nächsten Zuges hier aufhalten muß. Aber, das kommt davon, wenn man den Kindern Gehör schenkt.

Hertzberg. Aus welchem Grunde wollen denn die Leute eigentlich streiken?

Peterlein. Selbstverständlich aus einem ganz nichtigen Grunde. Sie beanspruchen 17 Pfennige Arbeitslohn pro Stunde, während sie bisher mit 14 Pfennigen ganz brillant ausgekommen sind. Aber die Leute wollen eben schwelgen und prassen.

Hertzberg. Depeschiren Sie doch ganz einfach, daß Sie die 3 Pfennige bewilligen und Angelegenheit ist erledigt.

Peterlein. Wo denken Sie hin? Drei Pfennige pro Mann und Stunde Mehrausgabe! Ich beschäftige 2000 Arbeiter, müßte also täglich 200 Thaler mehr an Löhnen bezahlen! 200 Thaler baares Geld!! beinahe so viel, wie meine tägliche Tantième beträgt! (klopft ihn auf die Schulter.) Seien Sie versichert, junger Freund, man hat viel Qual und Aerger, um sein bischen Brod zu verdienen, und, wenn man nicht zuweilen etwas geflickte Schienen mitunterschieben würde, dann wäre es schwer, eine Dividende von 10 pCt. für die Actionäre herauszuwirthschaften.

Hertzberg. Hehehe! Sagen Sie, Herr Generaldirector, wie ist es denn eigentlich gekommen, daß Sie in den falschen Zug einstiegen?

Peterlein. Auf die allereinfachste Weise von der Welt. Ich war gerade bei der Lösung eines Exempels beschäftigt, welches für die Volkswirthschaft von der allergrößten Tragweite ist. Ich habe berechnet, daß, wenn unter sieben Eisenbahnschienen eine geflickte mituntergeschoben wird, nur im Durchschnitt pro Jahr vier Eisenbahnunfälle in Folge von Schienenbruch mit zusammen neun Schädelzertrümmerungen, dreiund-

zwanzig Rippenbrüchen und siebenundsechzig Schenkel=
zerquetschungen zu erwarten sind. Ein überaus
günstiges Resultat!

Hertzberg (etwas ängstlich). Eh! eh! so ist wohl Eisen=
bahnfahrt etwas riskante Sache?

Peterlein. Riskant ist Alles in der Welt. Man
kann beim Baden ertrinken . . .

Hertzberg. Ich bade prinzipiell nur in der
Wanne.

Peterlein. Man kann beim Anfertigen falscher
Schienenstempel abgefaßt werden . . . .

Hertzberg. Ist das lebensgefährlich?

Peterlein. Lebensgefährlich nicht gerade, aber mir
wäre es sehr unangenehm. Sie können auch z. B. von
einer Schlange gebissen werden.

Hertzberg. Um Gotteswillen! (Sieht ängstlich nach seinen Füßen.)

Peterlein. Ich meine nicht gerade hier im Zimmer,
wohl aber im Garten.

Hertzberg. So werde ich keine Gärten mehr be=
suchen.

Peterlein. Das Unglück kann sie auch im Zimmer
erreichen. Die Decke kann hier plötzlich einstürzen.

Hertzberg (nach der Decke schauend). Wahrhaftig, ich
glaube dort oben sehe ich bereits einen Riß! gehen wir
lieber in ein anderes Zimmer.

Peterlein. Risse haben die Decken in allen Zim=
mern der Stadt Berlin.

Hertzberg. Dann ziehe ich fort! unbedingt! oder
ich werde mir in der Hasenhaide Unterkunft auf einem
Baumast suchen.

Peterlein. Da werden Sie von der Kugel irgend
eines Postens getroffen.

Hertzberg. Dann ziehe ich aus dem gefährlichen
Deutschland überhaupt heraus, weit weg nach der
Türkei, z. B. nach Tscherkeßkoi; da wohnt eine alte
Tante von mir, der ist noch nie etwas passirt.

Peterlein. Wenn Sie aber dort nun von Räubern überfallen werden?

Hertzberg. Ja, wo soll ich denn aber hin?

Peterlein. Es ist durchaus nicht so gefährlich, wie Sie sich denken. Ich will Ihnen eben nur an der Hand von Beispielen klar legen, daß eine Eisenbahnfahrt nicht das größeste Risico ist.

Hertzberg (etwas nachdenkend). Sie haben recht! und wenn ich genau überlege, so scheint es mir noch auf der Eisenbahn verhältnißmäßig am sichersten zu sein.

Peterlein. Ohne Zweifel.

Hertzberg (eilig). Ich werde mir sofort eine Abonnementskarte besorgen und den größten Theil meines Lebens nur noch fahrend zubringen.

Peterlein. Sehr richtig! so lange Sie fahren, sind keine Gefahren!

Hertzberg (beide Hände Peterleins ergreifend in wehmüthigem Tone). Adieu, lieber Herr Generaldirector, adieu! — — und — — — wenn mir dennoch etwas widerfahren sollte, — — — nicht wahr, dann sind Sie doch so liebenswürdig und empfehlen mich Ihrer Fräulein Tochter.

Peterlein. Ihr letzter Wille wird mir stets heilig sein. (Pathetisch.) Leben Sie wohl, junger Freund, und reisen Sie glücklich!

Hertzberg. Adieu! lieber Herr Generaldirector! Schüttelt nochmals die Hand, geht dann schnell zur Thür, dort wendet er sich noch einmal um) adieu! (Ab).

Peterlein (allein). Armer junger Mann! er hat mich ordentlich wehmüthig gestimmt. Hm! hm! Es war am Ende doch voreilig, ihm einen so vorzugsweisen Aufenthalt auf der Eisenbahn anzuempfehlen. — — Hm! hm! (Nachdenkend ab.)

3. Scene.

Lothar (raschen Schrittes durch die Flügelthür).

Lothar (nach der Uhr sehend). Morowski ist noch immer nicht hier, wiewohl ich ihm schrieb, daß ich ihn in

einer wichtigen Angelegenheit sprechen müsse. Es wäre
höchst fatal, wenn er nicht käme. Lilli würde ohne
Zweifel jede Beziehung zu mir lösen, wenn sie von
meinem Verhältniß zu Pauline etwas erführe und
diese wiederum ist jetzt, da sie meinen Namen und
meine Absichten kennt, bei ihrem leidenschaftlichen Tem=
perament wohl im Stande, einen Schritt zu begehen,
der mir verhängnißvoll werden könnte. In dieser für
mich höchst peinlichen Situation ist Morowski that=
sächlich der einzige Mensch, der mir mit einem nütz=
lichen Rath zur Seite stehen kann. Auf alle Fälle
muß ich mich mit ihm aussprechen, ihn in die An=
gelegenheit einweihen und hören, welcherlei Schritte er
vorschlägt (Geht auf und ab.) Die Zeit verrinnt, jede Mi=
nute ist kostbar und gerade heute läßt er länger auf
sich warten als sonst, (blickt nach der Thür) wenn ich nicht
irre, war das sein Tritt. (Morowski tritt ein.) Ah! da ist er.
(Geht ihm entgegen, begrüßt ihn und geht mit ihm in den vorderen Theil der
Scene.)

4. Scene.

Morowski, Lothar.

Lothar. Endlich, endlich! Herr v. Morowski! ich
stehe wie auf Kohlen. Haben Sie meine Karte er=
halten?

Morowski. In Folge Ihrer Karte bin ich hier.
Ich habe übrigens selbst gestern Sie in Ihrer Woh=
nung gesucht, da auch ich in einer wichtigen An=
gelegenheit mit Ihnen zu sprechen habe. Leider traf
ich Sie nicht und erfuhr, daß Sie auch hier sich nur
wenige Minuten aufgehalten haben. Wo, zum Teufel
haben Sie gesteckt?

Lothar. Den Vormittag über war ich bei Fa=
bricius, Nachmittags bin ich rathlos umhergeirrt, in
der Hoffnung Ihnen irgend wo zu begegnen.

Morowski. Was hatten Sie bei Fabricius zu
schaffen?

Lothar. Ich mußte ihn sprechen.

Morowski. Ah so! Sie haben Geheimnisse vor mir.

Lothar. Durchaus nicht! Sie sollen Alles erfahren. Zunächst will ich aber Ihren Rath hören: Pauline Walden ist in Berlin.

Morowski (erstaunt). Das wissen Sie?

Lothar. Ist etwa Ihnen diese Thatsache auch bekannt?

Morowski. Ja.

Lothar. Wer hat es Ihnen gesagt?

Morowski. Das ist zunächst mein Geheimniß. Ich aber richte dieselbe Frage an Sie.

Lothar. Auch ich habe meine Geheimnisse; genug ich weiß es und theile es Ihnen mit!

Morowski (erregt). Wenn ich Geheimnisse habe, so bewahre ich dieselben in Ihrem Interesse. Sie aber dürfen keine Geheimnisse vor mir haben, oder . . . .

Lothar. Nun? oder?

Morowski (ruhiger). Oder Alles steht auf dem Spiel.

Lothar. Gut denn, Fabricius hat es mir gesagt.

Morowski (sehr erregt). Fabricius!! (Nach einigen Augenblicken.) Und Herr Fabricius kennt ihre Beziehungen zu Pauline?

Lothar. Seit gestern!

Morowski (wüthend mit rollendem Auge). Sie haben ihn in Alles eingeweiht.

Lothar (erstaunt). Allerdings!

Morowski (stürzt auf ihn zu). Schurke!

Lothar (zurücktretend mit Zorn). Herr v. Morowski!

Morowski (ballt die Fäuste und tritt grollend zurück, dann mit dumpfer Stimme). Ihre Absicht ist also noch in letzter Stunde Alles zu verderben. Ihr Betragen vorgestern Fräulein v. Elsner gegenüber, Ihre gestrige Abwesenheit hier vom Hause, der höchst auffallende Umstand, daß Pauline plötzlich Ihren Namen kennt — (mit rollendem Auge) sagen Sie offen und ehrlich, was Sie beabsichtigen.

Lothar. Herr v. Morowski, Sie haben kein Recht und auch keine Ursache an meiner Offenheit und Ehrlichkeit zu zweifeln. Vor allen Dingen muß ich Ihnen erklären, daß Ihr gegenwärtiges Betragen unerhört und überdies mir gänzlich unverständlich ist. Was ich beabsichtige, wissen Sie. Meine Absicht besteht darin, Fräulein v. Elsner in einigen Tagen zu ehelichen. Ich pflege mit offenen Karten zu spielen und nicht mit versteckten. Hätten Sie mir mitgetheilt, daß sich Pauline Walden in Berlin befindet, so würden wir uns längst über diese Angelegenheit haben aussprechen können. Wenn ein Versehen begangen ist, so liegt dasselbe also auf Ihrer Seite und nicht auf der meinen.

Morowski. Verzeihen Sie meine Heftigkeit! nehmen Sie Platz und sprechen wir mit Ruhe über die Sache. (Setzt sich, Lothar folgt zögernd.) Ich habe erst vorgestern von der Anwesenheit Paulinens in Berlin Kenntniß erhalten und konnte Ihnen also keine Mittheilung machen.

Lothar. Und ich habe es gestern erfahren.

Morowski. Es war aber doch mindestens eine große Unvorsichtigkeit von Ihnen, Herrn Fabricius unnöthiger Weise in ein Geheimniß einzuweihen, welches bisher nur Ihnen und mir bekannt war. Durch Herrn Fabricius hat Pauline offenbar Ihren Namen erfahren.

Lothar. Sie irren sich, Herr v. Morowski. Ich habe Ihnen bereits mitgetheilt, daß im Gegentheil ich über die Anwesenheit Paulinens in Berlin durch Herrn Fabricius unterrichtet worden bin und Herr Fabricius wußte bereits von meinen Beziehungen zu Pauline. Diese für mich höchst peinliche Kenntniß besaß er indeß nicht etwa durch eine Indiscretion meinerseits, sondern — durch — Pauline selbst!

Morowski (erstaunt). Wie wäre das möglich, da derselben Ihr Name doch bis dahin gar nicht bekannt war?

Lothar (erregt). Herr v. Morowski, dieses „wäre" ist bereits wieder eine Beleidigung! es wäre nicht, sondern es ist der Fall!

Morowski (zitternd). Gut denn! so erklären Sie mir doch wenigstens....

Lothar (nach einigem Zögern, indem er seine Aufregung zu unterdrücken sucht). Ein Zufall hat Alles verrathen.

Morowski (zweifelnd). Ein Zufall?

Lothar. Ja wohl, ein Zufall. Ich befand mich gestern in einer viel zu großen Erregung, um nach den Details dieses Zufalls zu forschen. Zunächst ist mir nur soviel bekannt, daß die Anfangsbuchstaben meines Namens.

Morowski (steht erschrocken auf). Wie!

Lothar (fortfahrend) welche angeblich Paulinen bekannt waren und zufällig mit denen meiner Braut übereinstimmen, den Verrath bewirkt haben.

Morowski (blickt Lothar einige Momente starr an, setzt sich wieder nieder, stützt den Kopf in die Hand). Verdammt! (Steht auf und geht einige Mal im Zimmer auf und ab. Lothar folgt ihm mit den Blicken. Morowski bleibt vor Lothar stehen.) Sagen Sie Graf, kennt Pauline etwa auch den Namen Ihrer Braut?

Lothar. Jawohl! sie kennt ihn. Ich wiederhole, daß jene Buchstaben eben Alles verrathen haben.

Morowski (tief aufathmend). Dann scheint mir Alles auf dem Spiele zu stehen. Wenn Pauline hierher kommt, oder auch nur einen Brief an Frau v. Elsner oder an Lilli schreibt, dann gebe ich Alles verloren! vielleicht hat sie es bereits gethan.

Lothar. Das glaube ich nicht. Nach einem Ohnmachtsanfall, von welchem sie sich erst nach längerer Zeit wieder zu erholen vermochte, hat sie gestern den ganzen Tag fiebernd zugebracht. Wie sie sich heute befindet, weiß ich noch nicht.

Morowski. Sind Sie bei ihr gewesen?

Lothar. Nein! Alles was ich weiß, habe ich durch Fabricius erfahren, den ich gestern Abend noch auf einige Augenblicke sprach.

Morowski (ruhig). Also hören Sie, lieber Graf, wir müssen auf alle Fälle Hand in Hand in dieser Angelegenheit vorgehen. Das ist doch auch Ihre Ueberzeugung?

Lothar (dumpf). Leider ja!

Morowski. Nach meinem Dafürhalten giebt es nur ein Mittel, uns sicher zu stellen und dieses eine Mittel besteht darin, daß Pauline, bis Ihre Hochzeit vorüber ist, aus Berlin entfernt wird.

Lothar. Auf welche Weise wollen Sie das bewirken?

Morowski. Eine List muß uns helfen.

Lothar. Eine List?

Morowski. Ja! Pauline kennt doch zweifellos ganz genau Ihre Handschrift?

Lothar. Das wollte ich meinen.

Morowski. Gut denn! Sie müssen ihr einen Brief schreiben, den ich dictiren werde.

Lothar (aufstehend). Lassen Sie hören!

Morowski. Setzen Sie sich sofort hier an den Schreibtisch. (Lothar thut es und schickt sich zum Schreiben an.) Also (dictirend) Berlin, das heutige Datum.

Lothar (schreibend). Ich habe es

Morowski (dictirt, indem er im Zimmer auf- und abgeht). Theuerste geliebte Pauline!! — — Durch einen glücklichen Zufall — habe ich gestern — Deinen Aufenthaltsort — erfahren, — (fragend) haben Sie: erfahren?

Lothar. Ja!

Morowski (dictirend). Komma! Nachdem ich Monate lang — denselben zu finden — mich vergeblich bemüht hatte. —

Lothar (schreibend). Hatte

Morowski (dictirend). Punctum. Meine Briefe — ebenso wie die Deinen — sind — durch meine Mutter unterschlagen worden.

Lothar (sich umwendend). Könnten wir eine derartige Eröffnung nicht besser vermeiden?

Morowski. Thun Sie mir den Gefallen, lieber Graf, und unterbrechen Sie mich jetzt nicht. Wenn Sie etwas an dem Inhalt des Briefes auszusetzen haben, so sagen Sie es mir, sobald derselbe zu Ende ist. Jetzt aber bitte ich Sie inständigst, nicht unnöthig Zeit zu verlieren, sondern zu schreiben. Also, wie haben Sie?

Lothar. Meine Briefe ebenso wie die Deinen sind durch meine Mutter unterschlagen worden

Morowski. Also weiter. (Dictirt) Komma! weil dieselbe — wider meinen Willen — mich anderweit zu verheirathen —

Lothar (sich umwendend). Wider meinen Willen kann ich unmöglich schreiben.

Morowski (dringend). Thun Sie mir den einzigen Gefallen und schreiben Sie, was ich Ihnen sage; also (dictirend) wider meinen Willen zu verheirathen beabsichtigt.

Lothar (schreibt). Weiter!

Morowski. Eine Unterredung zwischen uns — ist unbedingt nothwendig. — Schon gestern — wäre ich zu Dir gekommen, — aber jeder meiner Schritte — wird bewacht. Deshalb bitte ich Dich, — wenn Du mir — Deine Liebe bewahrt hast, — mich heute Abend um 11 Uhr — im Thiergarten — am Louisendenkmal zu erwarten. — Nur an einem entlegenen Orte — und zur Nachtzeit, wenn meine Wächter schlafen, — dürfen wir hoffen, — ungestört miteinander sprechen zu können. — Alles Weitere mündlich. — Bis dahin verbleibe ich mit tausend Grüßen und Küssen Dein treuer Lothar, Graf v. Este (tritt an den Schreibtisch, nimmt den fertig geschriebenen Brief fort und legt ein Convert vor Lothar hin) So! nun bitte hier die Adresse. (Während Lothar die Adresse schreibt, liest Morowski den Brief hastig durch, faltet ihn dann zusammen, nimmt das von Lothar beschriebene Convert, convertirt den Brief, steckt ihn ein und will sich schnell entfernen. Lothar ist inzwischen aufgestanden.)

Lothar. Sie eilen fort, lassen mich aber im Unklaren, worin meine Aufgabe nunmehr bestehen wird. Was soll ich ihr sagen, wenn ich sie heute Abend am verabredeten Orte treffe?

Morowski. Sind Sie des Teufels, Graf? Sie sollen doch nicht etwa selbst zu dem Rendezvous hingehen. Das wäre der letzte Trumpf!

Lothar (erstaunt). Welchen Zweck verfolgt denn dann der Brief?

4

Morowski. Selbstverständlich handelt es sich nur um eine Falle, Pauline an jenen entlegenen Ort zu locken, wo zwei kräftige Leute sie in Empfang nehmen, behutsam in einen bereit stehenden Wagen heben und einige Tage an einen sicheren Ort bringen.

Lothar (packt Morowski an). Sie sind wohl nicht gescheit! (Schüttelt ihn heftig.) Geben Sie den Brief zurück!

Morowski (schleudert ihn von sich). Lassen Sie mich los! (Will fort).

Lothar. So werde ich sie warnen! (Will fortstürzen, Morowski vertritt ihm den Weg.)

Morowski. Wollen Sie denn mit Gewalt Alles verderben, Graf? Sehen Sie nicht ein, daß wir zu einem solchen Vorgehen gezwungen sind, wenn Sie nicht jede Möglichkeit, Lilli's Gatte zu werden, aufs Spiel setzen wollen?

Lothar. Lieber verzichte ich auf dieses Glück, als einen derartigen Schurkenstreich zu begehen.

Morowski (höhnisch). Sie sind ein großmüthiger Mann, lieber Herr Graf! wo aber bleibe ich, der ich Esel genug war, für Sie Schulden zu machen? Wo bleibt Ihre Mutter, deren Gut auf dem Spiele steht? he?

Lothar (verbirgt sein Gesicht in den Händen). Mein Gott! was habe ich gethan!

Morowski (beruhigend). Seien Sie wegen Pauline außer Sorgen. Ein Leid wird ihr auf keinen Fall zustoßen. Nach Verlauf von vier Tagen ist Ihre Verheirathung mit Lilli eine vollzogene Thatsache, an der sich nichts mehr ändern läßt. Pauline wird wieder frei sein und Sie werden ihr die Ursachen ihrer viertägigen Gefangenschaft mit klingender Münze auseinander setzen (eilig ab).

5. Scene.

Lothar (allein).

Lothar (auf ein Fauteuil niedersinkend). Pauline gefangen um meinetwillen! (Sitzt mehrere Minuten wie im Traume versunken, dann schnellt er auf mit Entschlossenheit.) Nein! werde nun, was da wolle, zu einem solchen Schurkenstreich gebe ich meine Hand nicht! (Er will zur Thür eilen, bleibt aber plötzlich starr stehen, da die Thür sich öffnet und **Pauline** mit gesenktem Auge, begleitet von einem **Diener**, eintritt.)

6. Scene.

Lothar, Pauline, der Diener.

Diener. Treten Sie, bitte, hier ein, ich werde Fräulein v. Elsner benachrichtigen. (Ab, während Pauline, ohne noch Lothar zu bemerken, einige Schritte vortritt.)

7. Scene.

Lothar, Pauline.

Lothar (einige Schritte auf sie zugehend, halbleise). **Pauline!**

Pauline (erschrocken aufblickend und bebend). **Lothar!** (Sie schwankt nach einem der nächststehenden Gegenstände, an dem sie sich hält). O, mein Gott!

Lothar (nach einer langen Pause stummer Betrachtung, während deren Pauline zitternd vor sich hinstarrt). **Pauline!** (geht ihr einige Schritte entgegen) Du hier!

Pauline (blickt ängstlich nach der Thür, durch welche sie eingetreten, dann starrt sie wieder zu Boden).

Lothar (ihr noch einen Schritt näher tretend). **Pauline, o sprich ein Wort!**

Pauline (will nach der Thür entfliehen).

Lothar (ihre Hand ergreifend). **Nein! ich lasse Dich nicht fort von hier!** (Kniet vor ihr nieder, die Hand fest haltend). Sprich ein Wort, daß Du mir verzeihst.

Pauline (sucht ängstlich ihre Hand zu befreien, ohne ihn anzusehen). Laß mich, Lothar! ich bitte Dich, laß mich gehen.

Lothar (schnellt empor und umfaßt mit beiden Händen ihre Taille). Nein, Pauline! ich lasse Dich nicht von hier, nie und nimmermehr!

Pauline (sich wehrend und ängstlich bald ihn, bald die Thür anblickend). Lothar! verlaß das Zimmer, ich bitte Dich in Deinem Interesse.

Lothar (indem er sie losläßt und in bittender Stellung vor sie hintritt). Mein Interesse ist Deine Verzeihung, Pauline! mein Interesse ist eine Unterredung mit Dir, nach der ich geschmachtet habe von dem Augenblick an, da ich erfuhr, daß Du in Berlin seist, mein Interesse ist ein süßer liebender Blick aus Deinen Augen, die mir stets vor der Seele gestanden haben, ob ich nah oder fern war (ergreift hastig Paulinens Hand, die solche zurückzieht). Pauline! ziehe Deine Hand nicht zurück, sprich doch ein einziges Wort der Verzeihung.

Pauline (abwehrend). Laß mich allein, Lothar; spare Deine gleißnerischen Reden für andere Zwecke (wendet sich ab).

Lothar. Du wendest Dein Auge von mir, Pauline, aber (kniet von Neuem nieder) ich bleibe hier zu Deinen Füßen, bis Du es mir wieder zuwendest (erfaßt ihre Hand).

Pauline (zieht die Hand heftig zurück, tritt einen Schritt ab und blickt ihn zornig an). Was willst Du von mir?! (Lothar steht auf.) Sollen diese Schmeichelworte mich an die Vergangenheit erinnern? Heuchler! Die Gegenwart liegt in zu grellen Farben vor mir, als daß ich sie nicht sehen sollte, (die Hand ausstreckend) gehe hinaus! ich erwarte hier Fräulein v. Elsner, Deine Braut, und ich vermuthe, daß es Dir nicht besonders erwünscht sein dürfte, hier in dieser Stellung von ihr überrascht zu werden. (Sie wendet sich verächtlich ab und geht in raschen Schritten nach der anderen Seite der Scene.)

Lothar (ihr folgend, aber einige Schritte von ihr stehen bleibend). Pauline, Du willst irgend einen Schritt begehen, um mich zu compromittiren!

Pauline (sich ganz nach ihm umwendend, verächtlich). Feigling!

Lothar (zwei Schritte näher tretend). Höre, was ich Dir sage, Pauline, es ist keine Feigheit, wenn ich Dich bitte, mich in diesem Augenblick noch zu schonen. Im Gegentheil, ich will mein ganzes Schicksal in Deine Hand legen. Thu, was Du willst, sprich für oder gegen mich, aber gewähre mir zuvor eine ausführliche Unterredung, damit ich Dir alle Einzelnheiten mit=

theilen kann, die vorgefallen sind und meine jetzige Situation herbeigeführt haben.

Pauline (an ihm vorübergehend bis in die Nähe des Souffleurs). Sei unbesorgt! (ihn ansehend) ich kam nicht hierher in der Absicht, Dich, wie Du es nennst, zu compromittiren, sondern nur um eine Arbeit abzulehnen, mit welcher Fräulein v. Elsner mich hat beauftragen lassen, die ich aber nicht ausführen will, nachdem ich erfahren, daß sie Deine Braut ist (kehrt ihm den Rücken). Nun aber verlaß dieses Zimmer, denn wisse, daß Dein Anblick mich bis ins innerste Mark erbittert, und ich bedarf der ganzen Sammlung, um wenigstens vor ihr gleichgiltig erscheinen zu können.

Lothar (ergreift ihre Hand). Pauline! so lange Du in diesem haßerfüllten Tone mit mir sprichst, verlasse ich Dich nicht, mag werden, was da wolle. Ich bin schuldig und fühle mich schuldig, dennoch aber ist meine Schuld keine so große, wie Du anzunehmen allerdings wohl ein Recht hast. Sage mir, wo und wann ich Dich sehen und sprechen darf, um Dir Alles auseinander setzen zu können.

Pauline (mit abgewandtem Gesicht). Ich bedarf keiner Auseinandersetzung und bitte Dich um nichts weiter, als daß Du mich endlich von Deinem Anblick befreiest.

Lothar (bittend). Fühlst Du denn nicht, wie ich unter Deinen harten Worten leide? Habe doch Mitleid mit mir!

Pauline (kehrt sich um zu ihm und blickt ihn bitter an). Mitleid!! — hast Du danach gefragt, was ich litt, als ich Brief auf Brief an Dich schrieb, ohne je eine Antwort zu erhalten, als ich in Sorgen und Aengsten war um Dich, weil mein ganzes Herz an Dir hing und ich glauben mußte, daß Dir irgend ein Leid zugestoßen, welches ich nicht kannte? Hast Du danach gefragt, was ich litt, als ich wenigstens Deine Spuren aufzusuchen mich bemühte, in Bonn und Erfurt fast von Haus zu Haus nach Dir fragte, überall aber nur einem mitleidsvollen Achselzucken begegnete? Hast Du darnach gefragt, was ich litt, als ich meine Mutter sterben sah, das quälende Bewußtsein im Herzen, daß der Gram um meine eigene Schande ihren Tod herbei=

geführt? hast Du danach gefragt, was ich litt, als ich nun allein und verlassen in der Welt stand mit meinem Kinde, der Schande, dem Hunger, vielleicht der Obdach=losigkeit preisgegeben, wenn plötzlich eine Krankheit mich betroffen hätte? hast Du danach gefragt, was ich gestern litt und was ich noch heute leide, nachdem ich erfahren, welch ein elender Wicht der Mann ist, für den bis dahin jede Fiber meines Herzens geschlagen! (Sie wendet sich ab.)

Lothar (mit gesenktem Auge). Ich fühle wohl, was Du gelitten haben mußt, und jedes Deiner Worte ist ein Dolchstich in mein Herz. Ich fühle auch sehr wohl, daß ein gewisser Theil der Schuld an Deinen Leiden auf mir lastet, dennoch aber bin ich nicht jener elende Wicht, für den Du mich hältst. Nach Lage der Dinge mußte ich glauben, daß Du die Schuldige seist, daß Du einen Bruch mit mir beabsichtigt habest.

Pauline (zornig). Wie! auf diese Weise also trach=test Du den Spieß jetzt umzukehren! Haben meine Briefe Dich nicht über jeden meiner Schritte unter=richtet, bis ich einsah, daß ich vergeblich schrieb, weil der Mann gar nicht existirte, an welchen ich schrieb, und der Herr Graf v. Este es nicht mehr der Mühe für werth erachtete, die Briefe des genarrten Mädchens zu beantworten. Oh! (Sie verbirgt ihr Gesicht in den Händen.)

Lothar (ihre beiden Hände erfassend). Deine Briefe wurden mir unterschlagen, Pauline, ebenso wie Dir die meinen. (Läßt ihre Hände los).

Pauline (einen Schritt zurücktretend, voll Staunen). Unter=schlagen?

Lothar (erfaßt von Neuem ihre Hand). Ja, Pauline, unter=schlagen von meiner Mutter! es läßt sich nicht Alles in wenigen Worten auseinandersetzen (kniet nieder, ihre Hand haltend). Gewähre mir eine Unterredung, theures Mäd=chen, (Lilli und Frau v. Türkheim treten ein) damit ich Dir mein Herz voll und ganz ausschütten kann. Sprich nur ein Wort, daß ich Dich wieder sehen darf, daß . . . .

8. Scene.

Lilli, Frau v. Dürkheim, die Vorigen.

Lilli (nachdem sie Frau v. Dürkheim einen erstaunten Blick zugeworfen, dem diese jedoch zu begegnen vermeidet). **Herr Graf v. Este!**

Lothar (schnellt hastig empor und senkt verwirrt den Blick zu Boden, während P a u l i n e zitternd sich an dem nächststehenden Möbelstück zu halten sucht).

Lilli (einige Schritte näher an Lothar herantretend, während Frau von Dürkheim sich hastig Pauline nähert). Wir stören jedenfalls, Herr Graf v. Este, sind aber, wenn sie es wünschen, auch gern bereit, uns zurückzuziehen. (Blickt ihn eine Weile verächtlich an, dann zu Pauline.) Sind Sie die Dame, welche nach mir gefragt hat?

Fr. v. Dürkheim (Paulinens Worte aufhaltend). Es handelt sich hier offenbar um einen Irrthum. (Auf Pauline zeigend.) Dieses Fräulein ist eine für mich beschäftigte Arbeiterin. (Unwirsch zu Pauline.) Was wünschen Sie denn eigentlich? wie kommen Sie hierher in dieses Haus?

Pauline (verlegen). Ich bringe den Auftrag zurück, den . . . . (Ueberreicht das Packet.)

Fr. v. Dürkheim (es ihr aus der Hand reißend und sie hart anfahrend). Und dazu suchen Sie mich hier auf und richten noch durch Verwechslung der Namen die größten Wirrnisse an? Gehen Sie! Machen Sie, daß sie fortkommen, das Uebrige wird sich finden. (Pauline verlegen ab.)

9. Scene.

Die Vorigen, ohne Pauline.

Lilli (nachdem sie noch einige Momente Lothar angesehen, der wie in den Boden gewurzelt regungslos steht, wendet sie sich an Frau v. Dürkheim). Frau v. Dürkheim, ich bin jetzt außer Stande, den Auftrag auszurichten, den Mama mir an Herrn Grafen v. Este ertheilt hat. Uebernehmen Sie, bitte, die Pflicht statt meiner. (Sie wendet sich zur Thür.)

Fr. v. Dürkheim (ihre Hand erfassend und sie geleitend). Fräu=
lein v. Elsner, fassen Sie sich!

Lilli (abwehrend). Still! still! (Ab.)

10. Scene.

Frau v. Dürkheim, Lothar.

Fr. v. Dürkheim (an der Thür sich umwendend). Da sehen
Sie, Unglücksmensch, was Sie angerichtet haben! jetzt
ist doch Alles verloren!

Lothar (sich zum Gehen wendend). Das Schicksal geht eben
seinen Gang! (Will gehen.)

Fr. v. Dürkheim (ihm entgegentretend). Einen Augen=
blick, ich habe ja noch, wie Sie eben wohl gehört
haben, eine Bestellung an Sie auszurichten.

Lothar (dumpf). Ah so, den Auftrag, den Fräulein
von Elsner nicht an mich ausrichten wollte! nun,
um was handelte es sich denn?

Fr. v. Dürkheim. Vor einer Stunde ist ein Tele=
gramm an Sie eingetroffen.

Lothar (rasch). An mich? von wem?

Fr. v. Dürkheim. Es war hierher adressirt, wohl
weil der Absender Sie hier am sichersten zu treffen
vermuthete.

Lothar (hastig). Wo ist das Telegramm? Wo
ist es?

Fr. v. Dürkheim. Frau v. Elsner hat es er=
brochen, weil . . . .

Lothar (erstaunt). Mein Telegramm erbrochen?

Fr. v. Dürkheim. Ja, weil man Sie überall
suchte, hier im Hause sowohl als auch in Ihrer Woh=
nung, aber nirgends finden konnte, und weil man an=
nahm, daß es sich um eine sehr eilige Angelegenheit
handle, denn . . . .

Lothar (ungeduldig). Nun, was enthält denn aber
das Telegramm?

Fr. v. Dürkheim (rasch). In der Krankheit Ihrer Frau Mutter —

Lothar (sehr erregt). Meiner Mutter! um Gotteswillen, sprechen Sie, ist sie etwa todt?

Fr. v. Dürkheim. Nein! aber sie scheint — im Sterben zu liegen.

Lothar. O, mein Gott! Meine Mutter im Sterben!

Fr. v. Dürkheim. Frau v. Elsner ist bereits mit dem ersten Zuge abgereist, Lilli sollte Ihnen die Nachricht übermitteln und in Ihrer Begleitung mit dem nächsten Zuge folgen. Sie wird jetzt wohl kaum zu bewegen sein, mit Ihnen zu reisen. Sagen Sie Frau v. Elsner daher, wenn Sie dieselbe sehen, Lilli sei etwas unwohl geworden, ich werde inzwischen sie wieder zu beruhigen suchen, also glückliche Reise. (Ab.)

II. Scene.

Lothar allein.

Lothar (wie aus einer Starrheit erwachend, verzweiflungsvoll die Hände ringend). Lilli verloren! meine Mutter im Sterben! (plötzlich) aber ich darf keine Zeit verlieren, wenn ich sie noch einmal sehen will! (Wendet sich zum Gehen, bleibt aber plötzlich stehen.) Mein Gott! was fällt mir ein! Der Brief, den ich an Pauline geschrieben! — er ist abgesandt, — Pauline allein ihrem Schicksal überlassen und den Ränken Morowski's ausgesetzt! — unmöglich kann ich reisen, ohne sie zu warnen, (einige Augenblicke überlegend, dann entschlossen) also erst zu Pauline und dann zu meiner sterbenden Mutter! (Ab.)

Ende des dritten Actes.

Vierter Act.

1. Scene.

Salon. Auf einem Sopha **Fr. v. Elsner** und **Lilli.**

Fr. v. Elsner. Wie! wäre es möglich! Der Graf? hier in diesem Hause und kaum drei Tage vor seiner Hochzeit?

Lilli. Es ist, wie ich Dir sage.

Fr. v. Elsner. Und Du bist sicher, daß Du Dich nicht getäuscht hast?

Lilli. Wie kann ich mich täuschen, wenn meine Augen sehen? Wie kann ich mich täuschen, wenn meine Ohren hören?

Fr. v. Elsner. Man kann sich täuschen! Zuweilen spielen sich vor den Augen des Menschen Vorgänge ab, denen andere Ursachen zu Grunde liegen, als man glaubt annehmen zu dürfen, die erregte Phantasie fügt dann Weiteres hinzu und es kommt ein Bild zu Stande, welches mit dem wirklichen durchaus nichts zu schaffen hat.

Lilli. Ich versichere Dich, Mutter, meine Phantasie war nicht erregt und ist es auch jetzt nicht. Ich sah, wie er zu ihren Füßen lag, darüber kann eine Täuschung nicht bestehen und ich hörte, wie er die Worte sprach: ich muß Dich wiedersehen. (Verbirgt ihr Gesicht in den Händen.) O mein Gott! und ich soll die Gattin dieses Mannes werden!

Fr. v. Elsner (ihre Hand sanft erfassend). Armes Kind! Ich hatte gehofft durch Deine Verbindung mit dem Grafen v. Este Dein Glück zu begründen und heute, am Tage, da Deine Hochzeit stattfinden soll, muß ich Kenntniß erhalten von einem Vorfall, der schon in die ersten Tage Deiner Ehe einen so trüben Schatten zu werfen geeignet ist.

Lilli (seufzend). Ehe! ich seine Gattin! Der Gedanke, daß ich mit ihm vor den Altar treten soll, empört mein Herz! ich kann ihn nicht mehr lieben!

Fr. v. Elsner (sie auf die Stirn küssend). Fasse Dich, mein Kind! Ich kann mich sehr wohl in Deine Lage hinein denken, aber was soll ich thun? ich kann Dich nur trösten und bitten, Dich in das Unabänderliche zu fügen. Glaube mir, was Du mir mitgetheilt, hat mich bis in die Seele hinein tief erschüttert; ich hatte in dem Grafen stets einen Mann von festem und ehrenhaften Charakter gesehen, und dieses vortheilhafte Bild hat einen garstigen Fleck erhalten. Andererseits aber kann ich nicht umhin, anzunehmen, daß nur jugendlicher Uebermuth und die bei jedem Manne vorherrschende Neigung zur Galanterie ihm einen Streich gespielt hat, über den er vielleicht selbst bereits Beschämung empfindet. Suche zu vergessen, was vorging, und ich bin überzeugt, daß er jetzt um so mehr bemüht sein wird, Dich auf Händen zu tragen, um Deine verlorene Liebe von Neuem zu gewinnen. (Küßt sie noch einmal auf die Stirn.)

Lilli (schüchtern). Mutter!

Fr. v. Elsner. Mein Kind!

Lilli. Ist es denn so unbedingt nothwendig, daß diese mir jetzt so verhaßt gewordene Eheschließung erfolgt? Du wirst mir entgegenhalten, daß eine am Tage der Hochzeit zurückgegangene Verlobung für ein Mädchen meines Standes ein mißliches Ding ist, aber ...

Fr. v. Elsner. Nun?

Lilli. Der vorgestern eingetretene Tod der Gräfin würde ein genügender Grund sein, die Hochzeit vorläufig aufzuschieben, vielleicht auf unbestimmte Zeit, vielleicht — auf immer!

Fr. v. Elsner. Wenn ich vor meiner Abreise nach Erfurt eine Ahnung hätte haben können von dem, was sich während meiner Abwesenheit zutragen würde, dann wäre die Möglichkeit, das Band mit Lothar zu lösen, noch vorhanden gewesen, jetzt aber, nachdem die Gräfin gestorben und in meinen Armen verschieden ist, jetzt — ist es zu spät.

Lilli (seufzend). Zu spät! Bist Du denn durch den Tod mehr gebunden als vorher?

Fr. v. Elsner. Leider ja, mein Kind! leider

bin ich gebunden durch das Wort, das ich der Sterbenden gab.

Lilli (erschrocken ihre Hand zurückziehend). Wie! Du gabst ihr Dein Wort, und er, der er wußte, was vorgegangen war, der er wußte, daß ich ihn nicht mehr lieben könne, er sah und hörte es und war schamlos genug, es nicht zu verhindern! (Das Gesicht in den Händen verbergend.) O mein Gott! und einem solchen Manne soll ich angehören!

Fr. v. Elsner (die Hände Lilli's erfassend). In diesem Falle thust Du ihm unrecht. Die Gräfin starb in meinen Armen, ohne den Sohn noch einmal gesehen zu haben. Er hatte den Eisenbahnzug versäumt und kam zu spät. (Steht auf, tritt vor Lilli und fährt mit erregter Stimme fort.) Wenn Du seine Verzweiflung gesehen hättest, als er kam und seine Mutter nicht mehr lebend antraf, würdest Du ihm gewiß verzeihen. Zürne ihm also deshalb nicht noch mehr. Vielleicht war es gerade Strafe genug für ihn, daß er den Segen seiner sterbenden Mutter nicht mehr empfangen konnte. Bedaure ihn und vergieb ihm! (Zieht sie vom Sopha empor.)

Lilli (nachdem sie einige Augenblicke stumm zu Boden geblickt). Und so ist auch ein Aufschub der Trauung nicht möglich?

Fr. v. Elsner (sie einige Schritte vorführend). Auch das nicht. Die Gräfin hing mit allen Fasern ihres Herzens an dem Wunsche, daß ihr vereint werden solltet. Ich mußte mein Wort darauf geben, daß auch der Tod, den sie vor Augen sah, die einmal getroffenen Vorbereitungen zur Hochzeit nicht unterbrechen solle. Also geh auf Dein Zimmer, Deine Kammerfrauen warten auf Dich, um Dich zur Hochzeit zu schmücken. Vergiß, was vorgefallen und — vergieb ihm!

Lilli (bleibt noch einige Minuten stehen, den Blick zu Boden senkend, dann geht sie mit gesenktem Haupte der Thür zu).

Fr. v. Elsner (folgt ihr einige Schritte, dann ruft sie leise) Lilli!

Lilli (wendet sich um, blickt die Mutter einige Momente an, dann stürzt sie in ihre Arme ausrufend) Mutter!

Fr. v. Elsner (sie heftig an sich drückend). Zürne mir nicht, meine Lilli, zürne nicht Deiner Mutter, die die Schuld trägt an Deinen Thränen und an den Qualen, die vielleicht jetzt Dein junges Herz zerfleischen. Du weißt, wie lieb ich Dich habe, mein einziges theures Kind! Du weißt, daß es nicht meine Absicht war, Dir Schmerz zu bereiten, sondern Dich glücklich zu machen.

Lilli (schluchzend). Ich weiß es, Mutter!

Fr. v. Elsner (bittend). So weine doch nicht mehr! jede Deiner Thränen ist ein Dolchstich in mein Herz. (Läßt sie aus der Umarmung frei und sieht sie bittend an.)

Lilli. Mutter! ich bin bis jetzt ein Kind gewesen. An Deinem liebenden Herzen hatte mein Verstand keine Zeit zum Erwachen; ich wuchs auf ohne selbst zu fühlen, daß ich aus den Kinderschuhen heraustrat. Weil ich niemals ein Unglück kennen gelernt, wußte ich nicht, daß es deren giebt. Jetzt plötzlich ist es mir, als wenn es wie Schuppen von meinen Augen fiele, als wenn mein Verstand plötzlich zum Durchbruch käme, als wenn mein Herz erst jetzt zu fühlen begönne und mein Herz sagt mir, daß ich den Grafen niemals lieben werde und — — niemals geliebt habe.

Fr. v. Elsner. Dein Schmerz, Dein aufgeregtes Gemüth flößt Dir diese Gedanken ein. Ich weiß, daß Du ihn stets gern gesehen hast, daß Du mit Vergnügen die Stunden zähltest, bis er kam und daß es Dir Verdruß bereitete, wenn er ausblieb.

Lilli. Nur weil mir seine Gesellschaft die Zeit verkürzte. Ich glaubte ihn zu lieben, weil ich nicht wußte, was Liebe ist. Jetzt aber fühle ich, daß das Herz einer höheren Empfindung, als der der Sinneszerstreuung fähig ist, jetzt, da ich das Gegentheil der Liebe kennen gelernt, — die Abneigung.

Fr. v. Elsner. Herziges Kind! glaube mir, Du wirst die Abneigung überwinden, wenn Du sehen wirst, wie fortgesetzt sein ganzes Bestreben nur darauf gerichtet ist, Deine verlorene Liebe wieder zu gewinnen. (Drückt ihre Hand und sieht sie innig an.) Geh jetzt und kleide Dich um. Ich werde ihn dann zu Dir schicken, damit er Dich um Verzeihung bittet.

Lilli (sich der Thür zuwendend mit dumpfem Tone). Du willst es, Mutter, es sei! (Geht zur Thür von Fr. v. Elsner begleitet, dann ab.)

2. Scene.

Fr. v. Elsner allein, dann ein **Diener**.

Fr. v. Elsner. Gott sei Dank! (Sie geht zum Tisch und drückt eine Glocke, worauf der Diener eintritt.) Ist der Herr Graf v. Este bereits anwesend?

Diener. Er ist soeben gekommen und wartet im Vorzimmer.

Fr. v. Elsner. Ich lasse den Herrn Grafen bitten einzutreten. (Diener verneigt sich und ab.)

3. Scene.

Lothar tritt ein im Gehrock, **Frau v. Elsner**.

Lothar (sich verneigend). Gnädige Frau haben befohlen . . .

Fr. v. Elsner. Ich habe nicht befohlen, ich ließ Sie bitten.

Lothar (tritt einige Schritte vor).

Fr. v. Elsner. Nehmen Sie Platz! (Er setzt sich, sie ihm gegenüber.) Ich kann nicht umhin, Herr Graf, Ihnen mein Erstaunen darüber auszudrücken, daß Sie während unseres zweitägigen Zusammenseins in Erfurt und während unserer Rückfahrt keinerlei Anlaß genommen haben, mir etwas von den Vorgängen mitzutheilen, die sich vor Ihrer Abreise von hier ereignet hatten, obwohl diese Vorgänge doch wichtig genug sind, Sie für immer von meiner Familie zu trennen. (Da Lothar zu Boden blickt ohne zu antworten.) Sie bleiben mir die Antwort schuldig?

Lothar (aufblickend). Gnädige Frau! wenn ich des unangenehmen Vorfalls nicht erwähnte, so erfolgte diese Unterlassung doch keineswegs in der Absicht, Ihnen denselben zu verheimlichen, denn ich war überzeugt, daß Fräulein v. Elsner Sie nach unserer Rückkehr sofort davon benachrichtigen würde.

Fr. v. Elsner. Nun?

Lothar (die Achseln zuckend). Sie werden zugeben, gnädige Frau, daß es nicht nur eine unangenehme, sondern selbst eine schwierige Aufgabe ist, sich selbst einer Schuld anzuklagen. Man wartet eben, bis die Anklage erfolgt.

Fr. v. Elsner. Nun denn, Herr Graf, die Anklage ist erfolgt.

Lothar. Ich verzichte auf jede Vertheidigung. Ich fühle mich schuldig und erwarte mein Urtheil. (Er steht auf.)

Fr. v. Elsner (steht auf, blickt ihn einen Augenblick an, dann tritt sie rasch einige Schritte näher). Lothar! ich will nicht als Richter zu Ihnen sprechen, sondern als Mutter. Ich hatte die Absicht, Ihnen eine lange Strafpredigt zu halten, aber sie würde zwecklos sein. Sie wissen, welches Versprechen ich Ihrer sterbenden Mutter gegeben habe und dieses Versprechen muß ich erfüllen, mag vorgegangen sein, was auch wolle.

Lothar (bestürzt). Gnädige Frau!

Fr. v. Elsner. Aber (sie reicht ihm die Hand, die dieser zögernd nimmt) eine Mutter steht jetzt vor Ihnen, Lothar, eine Mutter, die Ihnen heute ihr einziges geliebtes Kind, das größeste Kleinod ihres Lebens, übergeben soll ...

Lothar (außer Fassung). Frau v. Elsner ...

Fr. v. Elsner (fortfahrend). Ein Kleinod, welches sie mehr liebt, als ihren Augapfel und ihr Herzblut. Und diese Mutter, welche eigentlich als Richter Sie verurtheilen sollte, sie steht jetzt vor Ihnen als Bittende ...

Lothar (wie oben). Frau v. Elsner!

Fr. v. Elsner (fortfahrend). Als Bittende, daß Sie dieses geliebte Kleinod, welches Ihnen anvertraut werden wird, als einen wirklichen kostbaren Schatz hüten und bewahren.

Lothar. Gnädige Frau, ich ...

Fr. v. Elsner. Ich will nicht rechten mit Ihnen über das, was vorüber und nicht mehr zu ändern. Ich will Ihnen eine Auseinandersetzung ersparen, die Ihnen ebenso peinlich sein müßte wie mir. Ich will annehmen, daß das, was Sie gethan haben, ein thörichter Jugendstreich gewesen ist, den Sie bereuen, und daß es, möge er einen Ursprung haben, woher er wolle, jedenfalls der letzte gewesen. Sie haben von heute ab nicht mehr blos über das eigene Wohl, Sie haben über das einer Frau und vielleicht einer Familie zu wachen. Sie sind noch jung, Lothar, und das ganze Glück des Lebens steht Ihnen offen. Sie bekommen eine Frau, die schön, jung und braven Herzens ist und welche die ganze Liebe und Hingebung eines Mannes verdient. Lassen Sie mich nicht den heutigen Tag mit dem Gedanken begehen, daß mein Kind unglücklich wird an Ihrer Seite, machen Sie meine Lilli glücklich! — —

Lothar (wie oben). Frau v. Elsner! ich finde keine Worte Ihnen zu antworten. Ich war auf alles Andere gefaßt, nur nicht auf diese gütige Sprache aus Ihrem Munde. Hätten Sie mir die Thüre gewiesen, mir kurz erklärt, daß jedes Band zwischen uns zerrissen sei, ich würde Ihnen geantwortet haben. Jetzt aber stehe ich vor Ihnen, wie ein Schulknabe, der seine Lection nicht gelernt hat . . . gnädige Frau! . . .

Fr. v. Elsner. Nennen Sie mich nicht mit diesem kalten Worte, nennen Sie mich Mutter, da ich es Ihnen von heute ab sein werde. (Küßt seine Stirn.) Und nun Lothar, gehen Sie zu Lilli, die Ihrer wartet und suchen Sie, sich mit ihr zu versöhnen. (Begleitet ihn zur Thür, er ab, dann nachdem sie die Thür geschlossen.) Auch dieser schwere Schritt ist gethan! (Ab durch die andere Thür.)

4. Scene.

Peterlein, vom **Diener** geleitet, tritt ein.

Peterlein. So! nun helfen Sie mir den Ueberzieher ausziehen. (Diener thut es.) Ist meine Schwester und Tochter von meiner Ankunft benachrichtigt?

Diener. Ich werde die Damen sofort in Kenntniß setzen, wenn es nicht bereits geschehen sein sollte.

Diener (wendet sich zum Gehen).

Peterlein (ihm nachrufend). Ach hören Sie . . .

Diener. Zu Befehl?

Peterlein. Haben Sie nichts von Herrn v. Hertzberg gehört?

Diener. Bedaure...

Peterlein. War er nicht hier während der letzten Tage?

Diener. Nein, Herr Generaldirector.

Peterlein (für sich). Wenn ihm nur kein Unglück zugestoßen ist! (Zum Diener.) Also gehen Sie. (Diener ab.)

5. Scene.

Peterlein allein, bald darauf **Helene**, später **Frau v. Elsner**, dann ein **Diener**, endlich **v. Hertzberg**.

Peterlein. Ich habe mir bereits die entsetzlichsten Gewissensbisse gemacht. Wenn nur wenigstens ein Brief von ihm angekommen wäre! (Helene tritt ins Zimmer, eilt auf Peterlein zu, ihn umarmend.)

Helene. Guten Tag, mein lieber Papa, ich war eben dabei beschäftigt, beim Ankleiden Lilli's behilflich zu sein, sie sieht entzückend aus. Tante Elsner wird auch sofort kommen.

Peterlein. Hast Du nichts von Herrn v. Hertzberg gehört?

Helene. Nein Papa, wieso? Dort kommt die Tante. (Frau v. Elsner tritt ein und eilt auf Peterlein zu.)

Fr. v. Elsner (ihn umarmend). Ich bin Dir dankbar, lieber Bruder, daß Du den heutigen Tag nicht vergessen hast. Du siehst etwas angegriffen aus.

Peterlein. Ja! wo ist denn Herr v. Hertzberg?

Fr. v. Elsner. Ich weiß es nicht.

Helene. Aber Papa, was hast Du nur mit Herrn v. Hertzberg? (Ein Diener tritt auf.)

Diener. Herr v. Hertzberg...

Peterlein. Er lebt! Gott sei Dank!

Fr. v. Elsner. Ich lasse bitten. (Diener ab. v. Hertzberg tritt ein, Peterlein ihm entgegen.)

Peterlein. Gott sei Dank, Herr von Hertzberg,

daß Sie leben, ich habe keine Nacht ruhig schlafen können.

v. Hertzberg (weinerlich). Ich auch nicht, Herr Generaldirector! (Zu den Damen.) Guten Tag, gnädige Frau, guten Tag, mein werthes Fräulein. Wenn ich heute hierher komme, geschieht es wahrhaftig nur aus großer Zuneigung zu werthgeschätzter Familie. Zustand schauderhaft!

Helene. Was ist denn geschehen?

Fr. v. Elsner. Sie sind blaß.

Peterlein. Ist ein Eisenbahnunglück passirt?

v. Hertzberg. Gott sei Dank, nein! aber in steter Furcht vor einem solchen gewesen. Jedesmal, wenn Zug anhielt, bekam ich enormen Schreck.

Helene. So waren Sie verreist?

v. Hertzberg. Fünf Tage und fünf Nächte ununterbrochene Fahrt. Enorme Kopfschmerzen, oh! ich — ich hätt es unmöglich länger ertragen.

Helene. Wie bedauere ich Sie. Ich werde Ihnen einen Thee kochen lassen.

Fr. v. Elsner. Ja, einen Thee das ist das Beste.

Peterlein. Ja, kocht Herrn v. Hertzberg einen Thee!

v. Hertzberg. Sie sind zu liebenswürdig, ja ich glaube wirklich, daß ein Thee mir recht gut thun wird. (Alle ab.)

5. Scene.

Frau v. Dürkheim tritt auf, gleich darauf v. Morowski.

Fr. v. Dürkheim (Hut und Mantel abnehmend). Wie es scheint, ist Herr v. Morowski noch nicht hier. Das wundert mich. (Morowski tritt ein.) à la bonne heure! Da ist er.

Morowski (eilig auf sie zugehend und ihr die Hand reichend). Ja! hier bin ich. (Er legt den Hut fort.) Endlich ist der große Tag gekommen, endlich haben wir unser Ziel erreicht.

Fr. v. Dürkheim. Es hat Mühe genug gekostet. Was fehlte viel daran, daß noch vier Tage vor der Hochzeit unsere ganze Arbeit vernichtet wurde?

Morowski. Ich hatte bereits alle Hoffnung aufgegeben.

Fr. v. Dürkheim. Schlimmsten Falls würden wir allerdings zu unserm wohlverdienten Gelde insofern gekommen sein, als die Hypothek auf des Grafen Gut und dessen Wechsel sich in unseren Händen befinden.

Morowski (eine verächtliche Handbewegung machend). Ah bah! das Gut ist hoch verschuldet. Die Hypothek steht zur letzten Stelle und würde uns voraussichtlich wenig Freude gemacht haben.

Fr. v. Dürkheim (sich ihm ängstlich nähernd). Meinen Sie wirklich?

Morowski. Unter uns gesagt, halte ich die Hypothek für vollständig werthlos. In meinen Augen hat sie stets nur insofern einen Schein von Werth repräsentirt, als die alte Gräfin in die Idee vernarrt war, daß das Gut der Familie erhalten werden müsse und daher Alles daran gesetzt haben würde, dasselbe nicht zu verlieren. Jetzt, da sie todt ist .. (zuckt die Achseln).

Fr. v. Dürkheim. Meinen Sie, daß . . . .

Morowski. Wir sehr zufrieden sein können, sie wieder los zu werden.

Fr. v. Dürkheim. Sie erschrecken mich . . . .

Morowski (lächelnd). Glücklicherweise ist zum Erschrecken keine Ursache mehr. Unsere Forderung ist so gut wie liquide.

Fr. v. Dürkheim (sich aufs Sopha setzend). Auf alle Fälle wären uns die Wechsel geblieben.

Morowski. Die Wechsel! nun ja, die wären uns vielleicht geblieben, vielleicht sogar — für immer.

Fr. v. Dürkheim. Wie soll ich das verstehen?

Morowski. Kennen Sie nicht das bekannte Sprichwort: Wo nichts ist, da hat der Kaiser sein Recht verloren?

Fr. v. Dürkheim. Ich würde schon für die all=
mälige Eintreibung gesorgt haben.

Morowski. Und wenn nun der Einspruch des
Wuchers erhoben worden wäre? Wenn man möglicher=
weise noch einen Strafprozeß gegen uns anhängig ge=
macht hätte? Sie wissen doch, daß der Graf selbst ein
guter Jurist ist. Vielleicht wären wir zufrieden ge=
wesen, die baaren Auslagen zurückzuerhalten, und mit
blauem Auge davon zu kommen.

Fr. v. Dürkheim. Bei Ihren Auseinandersetzungen
könnte man gruselig werden — — nun, glücklicher=
weise ist die Heirath zu Stande gekommen.

Morowski. Ja! wenigstens soll die Ceremonie
der Eheschließung in einer halben Stunde stattfinden
und (boshaft lächelnd) wenn nicht Lothar oder Lilli bis da=
hin stirbt . . .

Fr. v. Dürkheim (aufstehend und ihm hastig in die Rede fallend)
Um Gottes Willen, malen Sie den Teufel nicht an
die Wand, ich habe genug schlaflose Nächte wegen der
Sache gehabt.

Morowski (scherzhaft). Wenn Sie etwa noch Sorge
hegen sollten, ich bin nicht abgeneigt, Ihren Antheil
am Geschäfte Ihnen abzukaufen.

Fr. v. Dürkheim (zögernd). Wirklich?

Morowski. Wenn Sie mit der Summe fürlieb
nehmen, die ich Ihnen biete.

Fr. v. Dürkheim. Und das wäre?

Morowski. Sagen wir — — 5000 Thaler.

Fr. v. Dürkheim (ihn überlegend anblickend). Das ist doch
sehr wenig, lieber warte ich noch die halbe Stunde.

Morowski. Ich glaube es gern. Wenn nicht
Pauline Walden plötzlich aufgetreten wäre, dann hätten
wir uns überhaupt keine Sorgen zu machen brauchen,
denn unser Schiff war im allerbesten Fahrwasser.

Fr. v. Dürkheim. Diese Person aber eben hat
mir große Kopfschmerzen verursacht.

Morowski. Glücklicherweise ist sie für uns ein
überwundener Standpunkt. Soweit ich in Erfahrung

bringen konnte, hat sie Berlin vor einigen Tagen verlassen.

Fr. v. Dürkheim. Sind Sie dessen gewiß?

Morowski. Ich habe es nicht für nothwendig erachtet, mir hierüber volle Gewißheit zu verschaffen. Daß Lothars Trauung mit Lilli stattfinden wird, ist doch wohl zweifellos.

Fr. v. Dürkheim. Allerdings!

Morowski. Nun und sobald dieselbe stattgefunden hat, kann es uns wenig interessiren, wo Pauline sich aufhält.

Fr. v. Dürkheim. Sie haben recht. Lassen Sie uns die Frau des Hauses aufsuchen, um ihr unsere Glückwünsche darzubringen.

Morowski. Ich bitte, die Damen haben den Vortritt. (Beide ab).

7. Scene.

(Lothar, Fabricius treten auf.)

Fabricius. Und wie ist die Versöhnung ausgefallen?

Lothar. Kalt und förmlich, wie es nicht anders zu erwarten war. Mit wenigen Worten wurde unser Gespräch erledigt. Sie entschuldigte sich damit, daß ihre Toilette noch nicht beendet sei, und ich war froh, aus der peinlichen Situation befreit zu werden, um mich ebenfalls noch eiligst in die nöthige Toilette werfen zu können. Was hast Du von Pauline gehört?

Fabricius. Ich wollte sie gestern aufsuchen, erfuhr aber, daß sie Berlin verlassen habe; Niemand wußte, wohin sie sich gewendet.

Lothar. Berlin verlassen!

Fabricius. Wenn ich Dir offen und ehrlich meine Ansicht aussprechen soll, so glaube ich nicht, daß sie thatsächlich bereits fort ist. Jeder Mensch hofft so lange, bis die letzte Möglichkeit einer Hoffnung verschlossen ist. Pauline liebt Dich über alle Maßen und wird wohl kaum Berlin eher verlassen, als bis sie mit eigenem Ohre gehört hat, daß der Prediger seinen Trausegen über Dich und Lilli ausgesprochen. Für alle Diejenigen, welche sie kennen, ist sie bereits abgereist. Sie wird aber, meiner Meinung nach, zweifellos irgendwo verborgen in der Kirche sein.

Lothar. Und dann? Was wird dann aus ihr werden?

Fabricius. Daß wir noch einmal etwas von ihr hören, glaube ich nicht.

Lothar. Armes unglückliches Weib!

Fabricius (seufzend). Ich kann mich sehr wohl in Deinen Zustand hineindenken. (Man hört Glockengeläute.)

Lothar. Hörst Du das Läuten der Glocken?

Fabricius. Ich höre es wohl.

Lothar. Es sind die Glocken der Matthäikirche, die mich zum Altar rufen.

Fabricius. Dir bleiben nur noch wenige Minuten.

Lothar (seufzend). Ach! Wie hatte ich mir den Moment so selig ausgemalt, da ich dieses Geläute vernehmen würde. Und nun — ist es mir, als wenn es Sterbeglocken wären, die mich zu einem Leichenbegängniß riefen, zu meinem eigenen.

Fabricius (ihm die Hand reichend). Leb wohl, Lothar, es ist Zeit, daß Du Dich nach Deiner Braut umsiehst. Ich werde Euch dann in der Kirche aufsuchen und Euch meine Gratulationen darbringen. Für jetzt ist es zu spät. Leb wohl!

Lothar. Und Du sprichst mir nicht einmal Muth ein!

Fabricius. Wie soll ich es, wenn Du selbst keinen besitzest?

Lothar. Du hast recht. Also leb wohl, auf Wiedersehen!

Fabricius (ihn umarmend). Leb wohl, mein Freund! (Ab).

Lothar (ihm nachblickend). Ach, wäre doch erst der heutige Tag vorüber. (Ab.)

Der Verwandlungsvorhang senkt sich langsam. Das Glockengeläute dauert fort, gleichzeitig hört man Orgelmusik,*) welche fortgesetzt wird, bis der Vorhang sich wieder hebt und sich das Innere einer Kirche zeigt. Im directen Anschluß an die Orgelmusik beginnt bei Aufgang des Vorhangs der später folgende Chorgesang der Knaben.

Der Altar der Kirche ist festlich mit Blumen geschmückt, vor demselben Stühle für das Brautpaar. Tief verschleiert sitzt hinter einem Pfeiler verborgen Pauline.

Bei Aufgang des Vorhangs und zugleich mit Beginn des Knabenchorgesangs öffnet sich die Kirchenthür und der Brautzug tritt langsam ein. Das Brautpaar geht gemessenen Schrittes dem Altar zu. Frau v. Elsner, Morowski und die übrigen Hochzeitsgäste folgen. Während des Chorgesangs tritt der Prediger ein und geht langsam zum Altar.

Schlußscene.

Knabenchorgesang.

Sei uns gegrüßt, Du holdes Paar!
Sei uns willkommen hier am Altar,
Du holde Braut im Myrthenkranz,
Du Bräutigam in der Freude Glanz,
    Freude und Fröhlichkeit,
    Glück und Herzinnigkeit
Spielen um Euren lächelnden Mund.
    Sorge und Ungemach
    Bannte der Hochzeitstag;
Lieblicher scheinet die herrliche Sonne,
Alle vereinet Freude und Wonne,
Und der Himmel segnet den Liebesbund.

Auf des Lebens schwankenden Wellen,
    Eh' sie zerschellen,
Führte der Himmel die Herzen zusammen.
Aus der Liebe himmlischen hellen
    Lauteren Quellen,

---

*) Die in dem Stück vorkommende Musik ist vom Verfasser componirt.

Fließet der Segen, fließet die Freude,
In der Liebe heiligen Flammen
Schwindet der Schmerz bei getheiltem Leide.
Doch der Altar, an dem sich Herzen versöhnen,
Muß auch der Liebe Bündniß krönen.

Sei uns gegrüßt, Du holdes Paar,
Seid uns willkommen hier am Altar,
Der Euch vereint, auf Euren Wegen
Begleite Euch des Himmels Segen,
Auf daß, wenn Ihr zurücke blicket,
Euch die Vergangenheit entzücket.

Lothar (beginnt bei den letzten Versen des Gesanges zu zittern und erfaßt die Stuhllehne, sobald der Gesang beendet und der Prediger das Wort nehmen will, sinkt er auf den Stuhl mit den Worten). O, mein Gott!

Fr. v. Elsner (hinzutretend) Lothar, was ist Ihnen? (Lilli sieht Lothar verächtlich an.)

Lothar. Mich erfaßt ein Schwindel.

Fr. v. Elsner (zum Prediger) Kürzen Sie, bitte, die Ceremonie ab, vollziehen Sie die Handlung.

Prediger. Graf Lothar v. Este, wollen Sie diese Jungfrau Lilli v. Elsner zur Gattin wählen, so antworten Sie mit ja!

Lothar (erhebt sich zitternd, blickt angstvoll um sich, dann ruft er laut) Nein! Nein! (Er sinkt gebrochen auf den Stuhl nieder.)

Der Vorhang fällt.

Ende.